§ 69.
B. 3.

RECUEIL

DE

DIVERS

OISEAUX

ÉTRANGERS ET PEU COMMUNS

QUI SE TROUVENT

DANS LES OUVRAGES

DE MESSIEURS

EDWARDS ET CATESBY

REPRESENTÉS EN TAILLE DOUCE

ET EXACTEMENT COLORIÉS

PAR

JEAN MICHEL SELIGMANN.

Sixiéme Partie.

A NUREMBERG,

Chez les Heritiers de Seligmann,

1773.

Psittacus maximus ...

L'Aras Rouge et Bl...

TAB. LIII.

L'Aras ROUGE ET BLEU.

Cet Oiseau est sans contredit le Roy de ceux de son Genre, si l'on a égard à sa grosseur, & à l'extréme - beauté & varieté des couleurs qui brillent sur son plumage. Je n'en ai point trouvé d'aussi grand. Quand la Queue est parfaite, je l'ai trouvée dans quelques Oiseaux de cette Espece de la longueur de plus d'une Verge (ou de trente-six Pouces) depuis le bout du Bec jusqu'à l'extrémité de la Queue. L'Arc du Bec supérieur depuis le Front jusqu'à l'extrémité, a près de trois Pouces de long; la Jambe depuis le Genou en bas, n'en a pas un & demi; & le plus long Doit avec son Ongle a deux Pouces & demi de longueur.

Le Bec supérieur est blanchâtre, mais il est noirâtre vers les côtés de la Tête, l'inférieur est de cette derniere couleur; il n'est point couvert d'une Peau nuë, comme celui de quelques Perroquets. Les Narines sont placées au haut du Bec parmi les plumes qui s'y trouvent. Le Bec est gros & fort; la langue ronde & douce; les côtés de la Tête, depuis le Bec jusqu'à une assez grande distance, par derriere, sont dennés de plumes, & couverts d'une Peau blanchâtre ridée & raboteuse; à la partie superieure de ces Espaces sont placés les Yeux, dont les Iris sont jaunes. La Tête, le Cou, la Poitrine, le Ventre, les Cuisses avec le Dos supérieur & les plus petites Couvertures des Ailes sont d'un beau rouge très vif ou plutôt écarlate. La couleur des principales plumes des Ailes est d'un très beau bleu en dessus, & d'un rouge pâle en dessous, les premieres plumes qui couvrent celles-ci sont d'un beau jaune, & il y a du verd au bout de'quelques unes, on voit aussi une teinte de cette couleur sur les plumes bleues, qui sont le plus près du Dos, & elle est mêlée avec du rouge sur le derriere des Cuisses. Le Dos inférieur, & le Ventre avec les Couvertures du dessus & du dessous de la Queue sont d'un très beau bleu. Cet Oiseau est de l'Espece de ceux qui ont des Queues longues & pointues; les plumes des côtés decroissent par degrès, quelques unes des plus longues qui se trouvent au milieu, sont entierement rouges; les plus courtes ou celles des côtés sont en partie rouges & en partie bleues; leurs racines sont de la premier couleur, & leurs bouts de la derniere. Des Ecailles noires couvrent les Jambes & les Piés; les Doits sont placés deux devant & deux derriere, comme dans les autres Perroquets, & ils sont tous armés d'Ongles très forts.

Cet Oiseau est originaire de l'*Amerique*, & je crois qu'on le trouve partout entre les *Tropiques*, non seulement sur le Continent, mais aussi dans quelques unes des Isles de l'*Amerique*. J'en ai vu plusieurs chez mes Amis & mes Connoissances à *Londres*, & j'ai fait ce Dessein, sur un des plus beaux & des plus parfaits pour le plumage que j'ai pu trouver. C'est l'*Aracangua* des *Bresiliens*. Voyez l'*Histoire du Bresil par Marcgrave*, P. 206. *Albin* a donné la Figure & la Description de deux *Aras* rouges, mais aucun de deux ne représente la Nature. Je suppose qu'il les avoient copiés sur d'autres Desseins. Il en fait deux Mâles de deux Especes différentes, & il se trompe au point de leur donner à l'un & à l'autre l'*Aras* bleu & jaune pour Femelle. Il dit qu'ils viennent des *Indes Orientales* & *Occidentales*. Je n'ai jamais oüi dire qu'on en ait apporté de l'*Orient*. Voyez les deux *Aras* rouges dans son *Histoire des Oiseaux*, le *Maccau* ou *Macao* du *Bresil*, Vol. 1. P. 11. & l'*Aras* de la *Jamaique*, Vol. 2. P. 16. J'ai vu des Femelles parmi les *Aras* rouges; mais je ne crois pas comme *Albin*, que les Femelles de cette Espece soient bleues & jaunes. L'*Aras* bleu & jaune qui va être décrit, est un peu plus petit, & beaucoup plus rare parmi nous; c'est sans contredit, une Espece distincte & differente de l'*Aras* rouge & bleu.

L'Aras **BLEU ET JAUNE.**

Cet Oiseau est un peu plus petit que le précédent, & à mon avis, il peut passer pour le second en grandeur dans le Genre des Perroquets; il me paroit étre égal à un Coq domestique d'une taille mediocre; & sa figure ressemble à celle du précédent.

Le Bec supérieur est en Arc; le bout est crochu, & passe de beaucoup le Bec inferieur; il est noir par tout. Les Narines sont placées sur le haut & vers la Base du Bec, dans une Peau blanche & nuë, qui s'étend sur les côtés de la Tète tout au tour des Yeux, & couvre un assez long Espace au dessous d'eux; cette Peau est bigarrée de Filets de petites plumes noires, comme si cela etoit fait à l'éguille; l'Iris est d'un jaune pâle. Immediatement sous le Bec se trouve un grand Espace noir, qui s'eleve en s'arrondissant vers les côtés, & environne la Peau blanche, comme on peut le voir dans la Figure. Les plumes du dessus de la Tète sont vertes, & deviennent peu à peu blanches sur le Cou. Le dessus du Cou, du Dos, des Ailes & de la Queue sont d'un très beau bleu, avec quelques nuances; savoir de verd sur les plus petites Couvertures des Ailes & sur le Croupion, & de pourpre sur les grandes plumes & sur la Queue. Toutes les plumes bleues du Dos, des Ailes & de la Queue sont rougeâtres en dessous. Le devant du Cou, la Poitrine, le Ventre avec les Couvertures sous la Queue sont d'un très beau jaune orangé; mais le derriere des Cuisses est un peu melé de bleu. Les Couvertures du dedans des Ailes sont d'un jaune, qui se montre à l'extérieure à l'Articulation du sommet de l'Aile. Les Jambes & les Piés sont tels que les représente la Figure; leur couleur est noirâtre.

Il y a déja quelques années que je fis ce Dessein d'apres un Oiseau vivant qui appartenoit au Duc de *Richmond* à *White-Hall.* Cet Oiseau est plus rare que l'*Aras* rouge; c'est l'*Arangua* des *Bresiliens.* Voyez l'*Histoire du Bresil* de *Marcgrave.* P. 206. *Albin* a donné une Figure très imparfaite de cet Oiseau, & l'appelle très improprement l'*Aras* Femelle, supposant que l'*Aras* précédent est le Mâle. Voyez son Histoire, Vol. 3. P. 10.

J'emprunterai, pour enrichir cette Histoire des *Aras* un beau passage du Voyage de *Mylord Anson*; c'est la Description d'une Chute d'Eau dans l'Isle de *Quibo.* „ Ils virent, vers la pointe du Nord-Est de l'Isle, une Cascade qui „ leur parut plus belle, que tout ce que l'Art a jamais pu produire en ce genre. „ Une Riviere de l'Eau la plus claire, & de vingt toises de large, couloit par „ une pente assez rapide de près de quatre vingt toises de longueur, dans un Canal fort irrégulier; car les fonds & les bords n'ont étoient formés que des „ gros quartiers de Roc. Dans quelques endroits l'eau coulant sur un talus égal „ faisoit les plus belles nappes qu'on put voir, & dans d'autres endroits elle „ tomboit en Cascades admirables. Les environs étoient couverts d'une belle „ Forét, & les masses de Rocher même, qui formoient les bords du Canal, & „ qui quelquefois s'avancoient au dessus, etoient couronnées des plus hauts „ arbres. Dans le tems que le Chef d'Escadre & sa Compagnie contemploient „ les beautés de ce lieu, & la variété surprenante des eaux, des rochers, & des „ bois, une volée d'Aras passa au dessus d'eux, & comme si ces Oiseaux avoient „ eu dessein d'animer la Scène, & de relever la magnificence du spectacle, ils s'ar- „ rétérent quelque tems en cet endroit, & en faisant mille tours en l'air, ils don- „ nerent tout le tems necessaire, pour remarquer l'eclat & la variété de leur Plu- „ mage, que le Soleil rendoit encore plus brillant. Quelques unes de ceux qui eu- „ rent le plaisir de jouir de ce Spectacle, ne peuvent encore le décrire de sang froid.

. TAB.

a. Edwards ad viv. delin.　　　J. M. Seligmann excudit.　　　Schmitzleitner iun. sculps.
Cum Priv. Sac. Caes. Majestatis.

Psittacus maximus cyano-croceus.　　No. 54. VI.ter Theil.　　　L'Aras Bleu et Iaune.

G. Edwards ad viv. delin.   J. M. Seligmann excudit.   Ioh. Sebaſt. Leitner sculps.
Cum Priv. Sac. Caes. Majestatis.

Psittacus albus criſtatus maximus.   N⁰. 55. VI.ᵗᵉʳ Theil.   Le Grand Cacatua

LE GRAND Cacatua.

Il y a une grande & une petite Espece de ces Oiseaux; la plus grande, que nous allons decrire, est de la grosseur d'un Corbeau; l'autre ne surpasse pas un Pigeon ordinaire.

Le Bec est gros & fort; sa partie supérieure est couverte d'une Peau, où les Narines sont placées, & qui environne les angles de la Bouche. Tout le Bec est Bleuâtre, de même que cette Peau. La Tête est grosse à proportion du Corps; les Yeux sont noirâtres & entourés d'une Peau nuë de couleur cendré. Les plumes blanches dont la Tête est garnie, sont longues & libres; sur tout celles qui sont au haut de la Tête, l'Oiseau les peut redresser en Huppe, ou les laisser tomber sur le Cou, à son gré. Quand il est faché, il les releve toutes, avec celles des côtéz de la Tête; & le dessous de ces plumes, qu'on voit alors à découvert, se montre d'un bel écarlate, dont l'opposition au blanc fait un effet très agréable: Quand ces plumes sont couchées, le rouge paroit à travers, & donne au blanc du dessus une couleur de fleur de Pê-cher. Le plumage de l'Oiseau, pris en son tout, peut être regardé comme blanc; il y a cependant, en quelques endroits, un mélange d'autres couleurs. Le Dos a une teinte de couleur de crême; la Tête & la Poitrine tirent sur celle de rose. Les Couvertures du dessus des Ailes, avec le dessous de la Queue sont colorées d'un jaune vif. La Queue est courte, ayant ses plumes d'une égale longueur, & qui passent, à peine, celles des Ailes. Les Jambes & les Piés sont de couleur de plomb; les Doits sont placés, comme ceux des autres Perroquets, deux devant & deux derriere.

Cet Oiseau est venu des *Indes Orientales*. J'ai fait mon Dessein sur un qui fut montré à la foire de *St. Barthelemy* à *Londres*. L'autre espece de ces Oiseaux différe très peu de celle-ci, excepté en grosseur; leur Huppe est jaune, & quand elle est couchée, ses extrémités sont retroussées; sa couleur & ses proportions approchent beaucoup de celles de celui ci. *Albin* a donné une Figure de la petite Espece dans son *Histoire des Oiseaux*, Vol. 3. P. 12. Je vis il y a quelque tems, chez le Dr. *Plumtree*, un Oiseau de la grande Espece que je pris pour la Femelle; il etoit d'un blanc plus sale, & n'avoit pas de rouge sur le dessous de la Huppe. J'ai aussi vu un très beau Mâle chez Mr. *Conyers*, à sa maison de *Copt Hall* en *Essex*. Ces deux Especes sont originaires des *Indes Orientales*. Je présenterai ici au Lecteur un petit extrait du recueil des *Voyages de Churchil*, Vol. 1. P. 45. de la Relation Espagnol du *Voyage de Navarette*. „A *Macassar*, dans les *Indes Orientales*, on trouve, en abon-„dance, une sorte d'Oiseaux, qu'on appelle *Cacatua*; ils sont tous blancs, „quelques uns sont plus gros que des Poules; leur Bec ressemble à celui d'un „*Perroquet*; ils s'apprivoisent très facilement, & apprennent à parler. Quand „ils sont sur leur gardes, ils ont quelque chose de grand; car ils redressent „leur Huppes, ce qui les fait paroitre charmants.„ (Je suppose que c'est parce qu'ils découvrent ce beau rouge de dessous, quand leur plumes sont relevées) les *Portugais* les portent à la *Chine*, & les vendent fort cher. Je n'ai point encore vu de Figure ou de Description de cet Oiseau.

4

Le PERROQUET Verd du BRESIL.

Cet Oiſeau eſt gros, il égale les plus gros Pigeons de maiſon, & ſurpaſſe un peu le *Perroquet* gris à Queue rouge qui eſt très connu.

Son Bec reſſemble à celui des autres Perroquets, il eſt tout de couleur de chair ; à la reſerve d'une Peau noirâtre qui eſt ſur ſa baſe ſupérieure, & où les Narines ſont placées. Les bords du Bec ſupérieur ne ſont pas, tout-à-fait, entaillés comme ils le ſont dans pluſieurs Perroquets ; mais ils forment des eſpeces d'ondes. Le devant de la Tête, tout autour du Bec, eſt d'un beau rouge ou écarlate ; les Yeux ſont noirâtres, & une Peau dégarnie de plumes d'une couleur de cendres pâle les entoure. Deſſous & derriere chaque Oeil, du côté de la Tête, ſe trouve une Tache ronde d'un beau bleu. Le deſſus de la Tête, eſt d'un verd jaunâtre, le derriere du Cou avec le Dos ſont d'un verd plus chargé. Le deſſous de l'Oiſeau, depuis le Geſier juſqu'aux Couvertures ſous la Queue eſt d'un verd clair tirant ſur le jaune ; les Couvertures ſous la Queue ſont & plus pâles & preſque jaunes. Les plus grandes plumes des Ailes ſont noirâtres ; les fibres externes de celles du milieu ſont bleues, le reſte des plumes qui touchent le Croupion ſont vertes & bordées de jaune, comme le ſont auſſi les Couvertures du premier & du ſecond rang, qui ſont au deſſus des grandes plumes, mais le verd y eſt plus chargé ; les plus petites Couvertures des Ailes ſont d'une couleur plus claire. Le bord ſupérieur de l'Aile eſt jaune autour de ſa jointure, il eſt garni de plumes rouges à ſa deſcente ſur la Poitrine. Les plumes vertes, ſur le derriere du Cou & ſur le Dos, ſont bordées d'un pourpre foncé. Le Croupion & les Couvertures ſous la Queue ſont verts ; les plumes du milieu de la Queue le ſont auſſi, celles qui les ſuivent ſont rouges. Les fibres extérieurs de la derniere plume, de chaque côté ſont bleues, le deſſous de la Queue paroit rouge, par ce que toutes les fibres intérieures de ſes plumes le ſont ; les extrémités de toutes les plumes de la Queue, tant en deſſus qu'en deſſous, ſont d'un beau jaune. Chaque Pié a deux Doits devant & deux derriere ; & les Jambes & les Piés ſont couverts d'Ecailles raboteuſes d'un cendré brûnatre.

Ce Deſſein a été fait ſur un Oiſeau vivant, & qui appartenoit à un faiſeur des Cages, & marchand d'Oiſeaux étrangers, à l'Enſeigne de la *Cage & du Parroquet* en *Crooked-Lane* à *Londres*. Il avoit, me dit il, acheté d'un homme qui l'avoit apporté du *Breſil*. Je ne crois pas que nous ayons de Figure ou de Deſcription de cet Oiſeau ; il eſt très différent du *gros Perroquet verd*, qu'on nous apporte communement des *Indes Occidentales*.

Psittacus viridis Brasiliensis.   Nᵒ.36. VIᵉʳ Theil.   Le Perroquet Verd du Bresil.

G. Edwards ad viv. delin.

J. M. Seligmann excudit
Cum Priv. Sac. Cæs. Majestatis.

Joh. Seipit aetmo sculps

Pfittacus viridis major, Occidentalis. N: 57. VI.ᵗᵉ Theil.

Le Grand Perroquet Verd des Indes
Occidentales.

Le Grand PERROQUET Verd des INDES OCCIDENTALES.

Cet Oiseau est de la premiere Classe des Perroquets pour sa grosseur, qui égale ou surpasse celle d'un Pigeon de maison.

Le Bec est blanchâtre, & a un angle très marqué sur ses bords supérieurs; les Narines sont placées assez proches l'une de l'autre dans une Peau qui couvre la base du Bec supérieur. Des Cercles couleur d'or entourent les Yeux & sont environnés eux mêmes d'une Peau sans plumes couleur de chair. Le devant de la Tête jusqu'aux Yeux est bleu; le reste est d'un beau jaune, un peu mêlé de rouge dans l'endroit ou le jaune va se perdre dans le verd du Cou; tout le tour du Cou avec le Dos est verd. Les plus grandes plumes des Ailes sont vertes à leurs racines & noirâtres à leurs extrémités; les intérieures, qui touchent le Croupion, sont vertes bordées de jaune. Les plumes de Couverture au dessus des Ailes sont tout-à-fait vertes; les plus petites sont d'une couleur d'or qui se nuance & se mêle avec le verd des Couvertures qui sont dessous. On trouve à la jointure de l'Aile quelques plumes rouges mêlées avec les Couvertures jaunes; ses Couvertures du dedans sont jaunes avec un léger mêlange de verd; le dessous des grandes plumes est d'un verd tirant sur le bleu; la Poitrine & le Ventre sont de la même couleur mais plus claire; les bords de leur plumes sont noirâtres. Les Cuisses, le Ventre inférieur avec les Couvertures sous la Queue sont jaunes. Le Duvet de la Tête, des Ailes & du Ventre est rouge. Le Croupion est revêtu de plumes vertes avec des extrémités jaunes; les Couvertures du dessus de la Queue sont vertes; le dessus est de la même couleur, mais le bord des plumes est un peu jaune; les fibres extérieures des dernieres plumes sont bleues; le dessou de la Queue est rouge en partie, par ce que les fibres intérieures le sont vers leurs extrémités, leur dessous est d'un verd sombre. Ce Perroquet ressemble aux autres par les Jambes & par les Piés; des Ecailles d'un brun obscur les couvrent, & les Ongles sont noirâtres.

Cet Oiseau appartenoit à mon digne Ami, Mr. *Jaques Theobald*, chez lequel il morut; il eut la bonté de me l'envoyer d'abord; j'eus ainsi l'avantage de pouvoir l'examiner avec plus d'exactitude, que s'il avoit été en vie. Ces Oiseaux sont assez communs à *Londres*; il y a quelques différences entre eux, quoique, selon les apparences, ils soient tous de la même Espéce. Il y á plus de jaune dans les uns que dans les autres; je crois que le Mâle en a le plus. Celui-ci etoit un des plus beaux que j'ai vu. Mr. *Albin* à publié une Figure de cet Oiseau dans son 3. Vol. P. 11. Il dit, que les Jambes sont couvertes de plumes jusqu'aux Piés; ce qui est faux. Il l'apelle le *Perroquet des Barbades*. Je me flatte d'avoir renchéri sur Mr. *Albin* dans toutes les figures que j'ai données des Oiseaux qu'il avoit déjà dessinés.

Le PERROQUET Rouge & Cendré.

Cet Oiseau est environ de la grosseur d'un Pigeon domestique, ou de celui du Perroquet cendré à Queue rouge. Il en est une Espece, ou
peu être le même Oiseau, avec quelques variétés accidentelles dans son plumage.

Son Bec est noirâtre, crochu & anguleux vers le bord de la partie supérieure; sa langue est arrondie vers le bout, noire & douce. Les Narines
sont placées assez près l'une de l'autre, dans une Peau blanche qui couvre
une partie du Bec supérieur, cette Peau s'etend & forme un angle sur le Bec,
de chaque côté, au dessous des Narines; ce que je n'ai vue dans aucun autre
Perroquet. Les côtés de la Tête sont couverts d'une Peau nue & blanchâtre,
qui s'avance sur le Bec; c'est au milieu d'elle & aux côtés de la Tête, que
les Yeux sont placés; ils sont petits à proportion, & leur Iris sont d'un jaune
vif. Tout le plumage de l'Oiseau, excepté la Queue, est mêlé d'une couleur
cendrée & rouge. De petits compartiments de chacune de ces couleurs se trouvent placés çà & là sur la Tête, le Cou, le Dos & les Ailes; ce qui forme un melange étendu de ces couleurs, elles sont plus foncées sur les grandes plumes des Ailes que par tout ailleurs. La Queue est toute rouge, ses
plumes sont courtes, d'une longueur égale, peu supérieure à celle des Ailes
quand elles sont fermées. Les Jambes & les Piés ressemblent à ceux des autres
Perroquets; ils sont couverts d'une Peau écailleuse & raboteuse; leur couleur
est un cendré obscur ou noirâtre.

Le Perroquet ordinaire, couleur de cendres, ressemble si fort à celui-
ci, que la même Figure pourroit servir à tous les deux. Le Bec, les Yeux,
la Queue, les Jambes & les Piés sont les mêmes dans l'un & dans l'autre;
toute la différence consiste, en ce que le plumage, de l'Oiseau commun, est
cendré sur tout le Corps, plus clair sur le Croupion & le Ventre, & plus
foncé sur les grandes plumes des Ailes.

Ces Oiseaux viennent de *Guinée*, sur les Côtes d'*Afrique;* les communs
portent à *Londres*, le nom d'Oiseaux de *Guinée.* J'ai appris du Chevalier
Hans Sloane, que l'Espece rouge & bleue se trouve dans l'*Isle de St. Thomé*
qui appartient aux *Portugais*, est qui est située sur les Côtes d'*Afrique*, dans
l'*Ocean Atlantique*, sous la ligne *Equinoctiale*. J'ai fait ce Dessein (en 1736.)
sur un Oiseau vivant, chez le Chevalier *Wager*. On le donna ensuite au Chevalier *Hans Sloane*, où il vit encore (en 1750.) dans sa Maison à *Chelsea*.
Willughby, P. 114. a emprunté sa Description du Perroquet cendré d'*Aldrovan-
de*, qui dit, qu'on les apporte de *Mina*, ville des *Indes*, & *Albin* assure, dans
son *Histoire des Oiseaux*, Vol. I. p. 12. que cette Espece vient des *Indes Orientales*. Je crois qu'ils se trompent l'un & l'autre; car on m'a assuré, qu'ils
nous viennent de l'*Afrique*, par le chemin des *Indes Occidentales*, où ils sont
transportés par les Vaisseaux, qui font le commerce des *Negres* de *Guinée*
pour l'usage des Plantations. Le *Perroquet* cendré & rouge n'a point encore
été decrit.

G. Edwards ad viv. delin.   J. M. Seligmann excudit.   Joh. Sebast. Leitner sculps.
Cum Priv. Sac. Caes. Majestatis.

Psittacus cinereus rubro maculatus. No. 58. VIte Theil.   Le Perroquet et Rouge et Cendré.

Der kleinere Grüne Papagey.
Tab. LX.
G. Edwards ad viv. delin.
I. M. Seligmann excudit.
Cum Pri. Sac. Cæs. Majestatis
Ioh. Seligmann sculps.
Psittacus viridis minor, Occidentalis.
N. 59. VII.ter Theil.
Le plus petit Perroquet Vert

Le plus petit PERROQUET Verd.

Cet Oiſeau eſt un peu moins gros qu'aucun des précedents ; il eſt de la Taille d'un Pigeon mediocre. Pour le diſtinguer, on pourroit l'appeller le Perroquet verd, à Tête rouge bleue & jaune ; car ſa Tête eſt d'une beauté peu commune.

Le Bec eſt blanchâtre, ſon bout & ſes côtés ſont bruns ; ſa partie ſupérieure forme un petit angle ſur ſes bords ; une Peau blanche couvre ſa baſe, & c'eſt là que ſont les Narines. Les Cercles autour des Yeux ſont d'un couleur d'or très vif ; une Bande étroite d'une Peau nue & blanc les entoure. Le Front juſqu'aux Yeux eſt couvert de plumes écarlates, comme le derriere de la Tête l'eſt de plumes bleues. Un Eſpace un peu arrondie, de couleur orange, s'étend ſous chacun des Yeux, depuis la baſe du Bec inférieur. Le reſte de la Tête avec le Goſier & le Cou ſont verts ; le derriere du Cou, le Dos, le Croupion & le deſſus de la Queue ſont du même verd, mais plus foncé. Il l'eſt moins ſur le devant du Cou, la Poitrine, le Ventre & les Cuiſſes, le bas du Ventre & les couvertures ſous la Queue ſont d'un Verd fort clair, tirant ſur le jaune. Les grandes plumes des Ailes ſont brunes bordées de bleu ſur leurs fibres extérieures ; celles qui les ſuivent ont leur extrémités bleues', & leurs fibres extérieures rouges vers la racine ; les plumes intérieures qui tombent ſur le Croupion ſont vertes. Toutes les Couvertures des Ailes ſont de la même couleur, à la reſerve, de ce qu'on appelle, l'Aile batarde qui couvre les grandes plumes, & qui eſt bleue ; le bord de l'Aile qui tombe ſur la poitrine, eſt jaune. Les Jambes ſont courtes ; il y a deux Doits devant & deux derriere, ſur chaque Pié ; ils ſont tous couverts d'une Peau écailleuſe & raboteuſe, de couleur de Plomb ou de cendré ; les Ongles ſont noirâtres.

Cet Oiſeau appartenoit à My Lady *Wager*, qui eut la bonté de me le faire voir, chez le Chevalier *Wager* à l'*Amirauté*. My Lady me dit, qu'on l'avoit apporté des *Indes Occidentales*, mais elle ignoroit de quel endroit. J'ai comparé ce Deſſein Original avec les Deſcriptions des Perroquets, qui me ſont tombées ſous la main ; mais je n'en ai point trouvé qui convint à cet Oiſeau ; je crois, par conſéquent, qu'on le peut mettre au rang de ceux qui n'ont point été décrits.

Le PERROQUET à Tête de Faulcon.

Cet Oiſeau eſt environ de la groſſeur d'un petit Pigeon ; il ſe diſtingue par ſa Queue qui eſt plus longue, à proportion, qu'elle ne l'eſt, pour l'ordinaire, dans cette Eſpece de Perroquets qui ont les plumes de la Queue d egale longueur.

Le Bec eſt noirâtre, bien crochu, & il a des angles aſſez aigus ſur ſes bords ſupérieurs. Les Narines ſont placees aſſez près l'une de l'autre dans une Peau qui couvre la baſe du Bec. Les Iris des Yeux ſont de couleur de noiſette, & entourés d'une Peau ñue & noirâtre. La Tête eſt toute couverte de plumes brunes, comme celle de quelques Fauçons ; celles du milieu ſont claires, & celles des côtés plus obſcures ; ce qui fait un effet agréable. Tout le tour du Cou, la Poitrine & le Ventre ſont garnis de plumes d'un beau pourpre rougeâtre, bordées d'un bleu vif ; ce qui forme des Lignes briſées transverſales, variées de rouge & de bleu fort agréables à la vuë. Le Dos, le Croupion & le deſſus des Ailes ſont d'un beau verd ; les extrémités des plus grandes plumes des Ailes ſont d'un bleu Mazarin. Le deſſus de la Queue eſt verd, excepté les plumes des côtés, dont les l'extrémités ſont de la couleur des precedentes. Les Couvertures du dedans des Ailes ſont d'un verd jaunâtre auſſi bien que les Flancs ſous les Ailes ; le deſſus des plumes de ces dernieres & de la Queue ſont d'un noir bleuâtre. Les Cuiſſes avec les Couvertures ſous la Queue ſont d'un verd clair ; les Jambes, les Piés & les Ongles reſſemblent à ceux des autres Perroquets ; leur couleur eſt noir ou d'un Plomb obſcur. Quand l'Oiſeau eſt faché, il redreſſe les plumes du Cou ; ce qui forme une eſpece de Huppe.

Cet Oiſeau appartenoit à Milord *Duncannon* en *Cavendiſh Square*, qui me permit d'en prendre un Deſſein chez lui ; on me dit, qu'il etoit venu des *Indes Orientales*. Notre compatriote Mr. *Willughby*, dans ſon *Ornithologie*, a emprunté de *Cluſius* une Deſcription d'un Perroquet qui me paroit s'accorder avec celui que nous venons de decrire. Voyez P. 119. L. 4ᵐᵉ de cet Ouvrage en Anglois. Je n'ai point vu de Figure de cet Oiſeau ; ainſi je me flatte que les Curieux me ſauront gré de la Figure & de la Deſcription que je leur offre, d'autant plus que l'une & l'autre ont été faites ſur l'Oiſeau vivant. La Deſcription de *Cluſius* dans *Willughby* eſt très courte, & paroit avoir été faite ſimplement ſur un Deſſein.

Psittacus Orientalis capite accipitrino.   N. 60. VI. Theil.   Le Perroquet à Tête de Faucon

G. Edwards ad viv delin.

J. M. Seligmann excudit.
Cum Priv. Sac. Caes. Majestatis
N.º 61. VI.ter Theil

Joh. Seb. virtus sculps.

Psittacus viritis capite albo.

Le Perroquet à Tête blanche.

Le PERROQUET à Tête blanche.

Cet Oifeau eft de la Taille des plus petits Pigeons. Les Perroquets de cette Efpece font moins beaux les uns que les autres, quelques uns ont les bords de l'Aile qui tombe fur la Poitrine rouges, d'autres ne l'ont point; il y en a qui ont le Ventre fort rouge, & d'autres qui n'ont qu'un peu de rouge mêlé avec le verd. Le Mâle eft peut-etre plus beau que la Femelle, comme c'eft l'ordinaire parmi les Oifeaux. J'en ai vu plufieurs de cette Efpece à *Londres*, où ils font auffi communs que les petits Perroquets verds. Cet Oifeau n'etoit pas un des plus beaux de cette Efpece, car il n'avoit pas les bords des Ailes rouges.

Le Bec eft affez gros & fort, blanc ou couleur de chair pâle; il eft crochu vers le bout, & a des angles fur fes bords, comme la plupart des Perroquets. La Langue eft ronde, douce & d'une couleur obfcure. Les Narines font placées, affez près l'une de l'autre, dans une Peau blanche fur le Bec fupérieur. Le Front eft blanc, jufqu'aux Yeux, & au milieu du fommet de la Tête; les Yeux font d'une couleur de noifette foncée, avec des Prunelles noires; ils font entourés d'une Peau blanche dénuce de plumes. Le derriere de la Tête eft bleu mêlé de rouge; en commençant depuis le blanc du devant, ce bleu s'étend derriere les Yeux, ou il eft parfemé de quelques Taches obfcures. Les côtés de la Tête, au deffus des Yeux, avec le Gofier font d'un bel écarlate qui s'unit & fe mêle avec le verd du Cou. Le derriere du Cou, le Dos, le Croupion & les Couvertures des Ailes font verts. Les plus grandes plumes des Ailes font bleues avec des extrémités noirâtres; quelques unes des Couvertures du premier rang, qui font au deffus d'elles, font bleues comme elles. Les plumes qui font le plus près du Dos font vertes; comme l'eft auffi le deffus de la Queue; les fibres externes de fes deux plumes extérieures font bleuâtres; le deffous de la Queue eft verd vers les extrémités des plumes, & rouge vers leurs racines. La Poitrine, le Ventre, les Cuiffes avec les Couvertures fous la Queue font verts; fur le milieu du Ventre il y a un Efpace rouge, qui fe perd infenfiblement dans le verd qui eft fur fes bords. Les Jambes, les Piés & les Ongles font comme dans les autres Perroquets, & d'un brun obfcur. Les plumes vertes du Dos, avec les Couvertures des Ailes & la Poitrine, ont un bord étroit de couleur brune.

Cet Oifeau m'appartenoit. Le Marchand d'Oifeaux me dit en me le vendant, qu'il venoit des *Indes Orientales*; je fuis plus porté à croire qu'il étoit des *Indes Occidentales*, par ce que j'en ai vu plufieurs qui en venoient; ceux des *Indes Orientales* font plus rares. Quoique *Willughby* dans fon *Ornithologie*. P. 113. nous ait donné la Defcription de cet Oifeau, faite par *Aldovrande*; comme je n'en ai point trouvé de Figure, j'efpere que celle-ci faite d'apres l'Oifeau vivant, & accompagnée d'une Defcription plus circonftantiée fera agréable aux Curieux.

Le PERROQUET Brunâtre.

Cet Oiseau est de la grosseur du Pigeon bleu commun, qu'on eleve dans les Colombiers. Il se distingue par sa vilaine couleur des autres Perroquets, qui, comme on le sait, ont un plumage très brillant.

Le Bec ressemble à celui des Oiseaux de son Espece, il est noir au milieu, comme l'est aussi la Peau qui contient les Narines; sa base est jaune, le reste jusqu'au bout est d'un beau rouge. Les Yeux sont d'un noisette foncé, entourés par une Peau nuë d'un cendré blanchâtre. Le dessus de la Tête est noirâtre; ses côtés, au dessous des Yeux, avec le derriere du Cou sont verdatres; le Dos est comme le dessus de la Tête, & le Croupion comme le derriere du Cou. Le dessus de la Queue est verd; les fibres externes des deux plumes extérieures sont bleues, le dessous de la Queue est d'un verd obscur; les Couvertures sous elle sont d'un beau rouge. Le Gosier a la longuer d'un Pouce, ou d'avantage, au dessous du Bec est d'un beau bleu. La Poitrine, le Ventre & les Cuisses sont d'un cendré brunâtre & obscur; les Ailes sont vertes, les plumes le plus près du Dos sont bordées de jaune. Les Jambes & les Piés sont semblables à ceux de presque touts les Perroquets; ils sont couverts d'Ecailles de couleur de Plomb; les Ongles sont assez forts & noirs. Les couleurs de cet Oiseau changent par degrés, se perdant insensiblement dans la prochaine, à la reserve d'un Espace rouge, sous la Queue, qui est assez distincte.

Cet Oiseau appartenoit à mon très cher ami le Curieux Mr. *Pierre Collinson*, Membre de la S. R. qui le conserva en vie quelques années, & me permit d'en prendre un Dessein; il m'apprit qu'il venoit de la *Nouvelle Espagne*, sur le Continent de l'*Amerique*. Quoique cet Oiseau ne soit pas aussi beau que plusieurs autres, il a son merite, puisqu'il est très rare; car je ne sache point en avoir trouvé aucun dans toutes les recherches que j'ai faites des Animaux curieux & inconnus. Comme je ne trouve aucune Description qui en approche, je le regarde comme un non décrit.

Pfittacus fufcus Mexicanus.   N.º 62. 17ter Theil.   Le Perroquet Brunâtre

Der kleine grüne Papagey.
Tab. LXIII

G. Edwards ad viv. delin.
J. M. Seligmann excudit.
Cum Priv. Sac. Caes. Majestatis.
Joh. Sebast. Leitner sculps.
Psittacus minor viridis.
N.º 63. VI.ter Theil.
Le petit Perroquet Verd

TAB. LXIII.

Le petit PERROQUET Verd.

Cet Oiseau est gros comme un petit Pigeon. La mesure d'une partie donnera toutes les autres. L'Aile fermée a six Pouces de long ; & ainsi la grandeur réelle de l'Oiseau, est a celle de la Planche comme six à quatre & un quart.

Le Bec est d'un cendré clair, presque blanc sur sa base, devenant plus obscur vers le bout, qui est crochu ; il forme des angles sur ses bords supérieurs. Les Narines sont placées, assez près l'une de l'autre, dans une Peau blanchâtre sur le Bec supérieur. Les Yris des Yeux sont d'un noisette foncé ; les Prunelles sont noires ; une Peau nuë d'un cendré clair les entoure. Toute la Tête, le Coup & le Corps, tant en dessus qu'en dessous, sont verds ; mais d'une couleur plus pâle, & tirant sur le jaune sur le Gosier, la Poitrine, le Ventre, les Cuisses & sur les Couvertures sous la Queue. Les plus grandes plumes des Ailes sont noirâtres, avec leur fibres extérieures bleues presque jusqu'aux extrémités ; celles qui sont le plus près du Dos sont vertes. Parmi les Plumes du premier rang de Couverture, il y en a une rouge qui couvre le haut des plumes bleues ; toutes les autres Couvertures des Ailes, tant en dessus qu'en dessous, sont vertes. Les plumes du milieu de la Queue sont un peu plus longues que celles des côtés ; mais elles ne le sont pas assez pour que ce Perroquet puisse être placé dans la Classe des Perroquets à Queue longue ou pointue. Le dessus de la Queue est verd, à la reserve des fibres externes des deux plumes extérieures qui sont bleuâtres ; les fibres internes sont rouges, jusqu'à près d'un Pouce des extrémités des plumes, où elles deviennent tout-à fait vertes ; les fibres externes des deux plumes extérieures qui sont bleu en dessus, sont d'un verd clair en dessous. Les Jambes & les Piés ressemblent en tout à ceux des autres Perroquets ; ils sont couverts d'Ecailles raboteuses de couleur de cendres ; les Ongles sont noirâtres & assez forts.

Je ne saurois dire de quelle partie du Monde venoit cet Oiseau ; car celui de qui je l'achetai l'ignoroit absolument ; je le crois natif des *Indes Occidentales* ; car c'est de là que viennent presque tous les Perroquets verds que nous avons à *Londres*. Celui-ci m'a appartenu, & je l'ai conservé en vie pendant quelques années ; c'etoit un Oiseau gaillard, eveillé, & agile ; il parloit beaucoup, mais dans une Langue qui m'etoit inconnue. J'ai remarqué que les Perroquets sont vifs & agiles selon leur Tailles ; les plus gros sont pesants, les petits plus agiles, à mesure de leur petitesse. Je ne sache point avoir vu aucune Description de cet Oiseau.

TAB.

Le PERROQUET à Poitrine blanche.

Cet Oifeau me parut être de la grandeur des Tourterelles, ou de ces petits Pigeons blancs que nous gardons dans des Cages. J'en fit un Deffein qui me parut approcher beaucoup de l'Original; l'Aile ferrée avoit cinq Pouces de long; on pourra juger des autres parties par la Planche.

Le Bec eft crochu, il a des Angles fur fes bords, & une Peau étroite fur fa bafe fupérieure, dans laquelle font placées les Narines, affez près l'une de l'autre. Tout le Bec eft d'une couleur de chair obfcure, moins chargée vers la bafe, mais qui le devient de plus en plus jufqu'au bout. Les Yris des Yeux font de noifette obfcure; ils font eux-mêmes placés dans une Peau nuë couleur de chair, qui remplit autour d'eux une Efpace circulaire; tout le deffus de la Tête eft garni de plumes noires. Des Coins du Bec partent des plumes vertes qui paffent au deffous de cette Peau jaune qui entoure les Yeux; le Gofier & les côtés de la Tête font jaunes; le derriere du Cou devient infenfiblement orange. Tout le Dos, le Croupion & la Queue, tant en deffus qu'en deffous, font d'un verd très agréable. Les fibres externes des plus grandes plumes des Ailes font bleues; celles des plumes du milieu font bordées de jaune; les plumes qui font le plus près du Dos font tout-à-fait vertes, comme le font auffi toutes les Couvertures qui font fur les Ailes. La Poitrine, depuis le Cou jufqu'aux Jambes, eft blanche. Les Côtés fous les Ailes, les Cuiffes, le Ventre inférieur avec les Couvertures fous la Queue font jaunes ou couleur d'orange. Les Jambes & les Piés font faits de même que ceux des autres Perroquets, & couverts d'Ecailles raboteufes cendrées; les Ongles font noirâtres.

Je trouvai cet Oifeau chez un Marchand d'Oifeaux Etrangers, qui tenoit un Cabaret en *White-Hart-Yard*, près du *Strand*, à *Londres*. Il m'affura qu'il avoit été apporté des *Carraques*, fur le continent de l'*Amerique*, qui appartient aux Efpagnols. J'ai examiné tous les Auteurs qui ont traité des Perroquets, & je ne trouve point qu'ils ayent connu celui-ci. C'eft un très beau petit Perroquet, & je me flatte qu'on me faura gré d'en avoir donné une Figure.

Der weiß gebrüstete Papagey

Tab. LXIV.

G. Edwards ad viv. delin.
M. Seligmann excud.
Cum Privilegio Sac. Caes. Majestatis
I. M. Seligmann sculp.
Psittacus viridis minor Mexicanus   N° 64 VI.te Theil.   Le Perroquet à poitrine blanche
pectore albo.

Psittacus coccineus Orientalis, N: 65. VI.te Theil. Le Premier Lory à Calotte noir, vertice nigro.

Le Premier LORY à Calotte noir.

Cet Oiſeau me parut être un peu plus gros qu'une Tourterelle, mais moindre qu'un Pigeon commun. L'Aile étant fermée avoit pour meſure cinq Pouces & trois quarts de long, & l'on peut juger par là, avec le ſecours de la Figure, de la groſſeur naturelle de l'Oiſeau.

Le Bec eſt formé comme celui des autres Perroquets ; il eſt de couleur orange, la Langue eſt noire ; les Narines ſont placées, près l'une de l'autre, dans une Peau de couleur de chair obſcure, ſur la baſe du Bec ſupérieur. Les Yeux ſont vifs avec des Iris de couleur d'or ; ils ſont entourés d'une Peau de couleur de chair foncée. Tout le deſſus de la Tête eſt garni de plumes noires, qui vers le derriere tirent un peu ſur le bleu. Le reſte de la Tête, tout le Cou, le Dos, le Croupion, avec les Couvertures du deſſus de la Queue, la Poitrine, les Côtés ſous les Ailes & les parties ſupérieures des Cuiſſes ſont d'un beau rouge ou écarlate. Il y a un petit Eſpace bleu ſur le derriere (entre le Cou & le Dos) qui eſt un peu interrompu & mélangé de rouge, & un autre ſur la partie inférieure de la Poitrine qui a auſſi un mélange de cette dernier couleur. La partie inférieure des Cuiſſes, celle du Ventre, & les Couvertures ſous la Queue ſont d'un très beau bleu. Le deſſus de la Queue eſt de même couleur ; mais les plumes du milieu ſont un peu obſcurcies par un verd foncé ; les fibres internes ſont jaunâtres, ce qui fait que le deſſous de la Queue eſt jaune. Les Ailes ſont vertes en deſſus, quelques unes des fibres des plumes du milieu ſont bordées de jaune ; les internes de toutes ſont de la même couleur, excepté vers leurs extrémités ou elles deviennent noirâtres ; les Couvertures du dedans des Ailes ſont rouges, le bord de l'Aile eſt jaunâtre. Les Jambes, les Piés & les Ongles ſont aſſez forts, & reſſemblent à ceux des autres Perroquets, ils ſont tous d'un brun foncé ou noirâtre ; leur Peau eſt raboteuſe & écailleuſe.

Ces Oiſeaux viennent des *Indes Orientales*. Je trouvai l'Oiſeau dont je donne la Figure au Caffé de la *Virginie*, derriere la Bourſe, à *Londres*. J'en ai vu un autre chez mon ami Mr. *George Holmes*, Garde des Archives de la *Tour* de *Londres*, ils étoient tous les deux empaillés. J'en ai vu depuis un troiſiéme qui a été apporté vivant des *Indes* & c'eſt de lui que j'ai pris la couleur des Yeux & des autres parties qui ſe terniſſent un peu dans les Oiſeaux ſéchés. *Nieuhoff* m'a fourni le nom de *Lory*. Notre compatriote *Albin* a donné la Figure d'un Oiſeau de cette Eſpece, qui nomme *Laurey*, & fait venir du *Breſil*, mais je ſuis perſuadé qu'il ſe trompe. Je crois qu'il a copié la Figure de cet Oiſeau d'un deſſein, fait d'Imagination pour les Boutiquiers. Toutes les Figures des Oiſeaux, q'*Albin* a deſſinés d'après Nature, ſont dans la même attitude ; celles qui s'en écartent le moins du monde ſont des Copies ; c'eſt de quoi je me ſuis convaincu en ayant examiné pluſieurs. Je ne crois point que nous ayons aucune Figure exacte de cet Oiſeau.

Le Second LORY à Calotte noir.

Cet Oifeau eft de la groffeur de notre Pigeon bleu commun, que nous élevons dans des Colombiers. Il eft fort éveillé & agile pour un Perroquet, & fautillera le long d'une canne ou d'un bâton, puis lachant les deux Piés, il s'avancera de douze Pouces fur le baton, ce que je n'ai vu faire à aucun Perroquet qu'à ceux de cette Efpece.

Le Bec eft orange, & crochu vers le bout; fes bords fupérieurs font ondoyés; mais l'inégalité n'eft pas affez fubite pour pouvoir former des angles, fa partie fupérieure contient les Narines; elles font affez près l'une de l'autre fur une Peau qui couvre la bafe du Bec; la langue eft ronde, douce & unie, d'une couleur noirâtre. Les Iris des Yeux font d'un jaune rougeâtre, & entourés d'une Peau denuée des plumes d'une couleur fombre. Tout le deffus de la Tête eft garni de plumes noires luftrées de pourpre; le refte de la Tête, le Cou, le Dos, le Croupion avec tout le deffous de l'Oifeau eft d'un beau rouge ou écarlate, à la referve d'un Croiffant jaune qui eft fur la Poitrine, & de quelques blumes bleues placées fur les Cuiffes, exactement au deffus des Genoux. Le deffus des Ailes eft verd; les plus grandes plumes font les plus foncées, les autres avec le premier rang de Couverture qui eft au deffus, ont un peu de jaune fur leur bords. Le bord de l'Aile, autour de fon Articulation eft d'un beau bleu, les Couvertures du dedans des Ailes font bleues auffi, mais elles deviennent noirâtres, là où elles tombent fur le dedans des grandes plumes; toutes les fibres internes de celles-ci font d'un beau jaune bordé de brun. Les plumes de la Queue, avec fes Couvertures en deffus & en deffous font rouges; mais leur bouts tirent un peu fur le pourpre. Les Jambes & les Piés font d'un cendré obfcur ou de couleur de Plomb; ils font de la même forme que dans les autres Perroquets, ayant deux Doits devant & deux derriere à chaque Pié, les Ongles font forts & noirâtres.

Cet Oifeau appartenoit à mon excellent Patron le Chevalier *Hans Sloane*, chez qui j'ai fait ce Deffein. Tous les Perroquets écarlates qu'on appelle *Lories*, & entre autres celui-ci nous viennent des *Indes Orientales*. Je n'ai trouvé aucune Defcription de cette Efpece, dans aucun des auteurs de l'Hiftoire naturelle. Je crois que ce feroit celui d'*Albin*, s'il avoit fait fon Deffein d'après Nature. Il a mis autour du Cou de fon Oifeau un Collier jaune, qui n'auvoit du être que fur la Poitrine. Voyez l'*Hiftoire des Oifeaux par Albin*, V. I. P. 13. J'ai vu un plus grand nombre d'Oifeaux de cette derniere Efpece, que de la précedente, ou même d'aucune autre des (*Lories*) & ils s'accordent parfaitement avec cette Defcription.

Psittacus coccineus Orientalis,   N.º 66. VI.ᵗᵉʳ Theil. Le Second Lory à Calotte noir vertice nigro alter.

G. Edwards ad viv. delin.   J. M. Seligmann excudit.   Joh. Schust. vitnat sculps.
                                   Cum Priv. Sac. Caes. Majestatis.

Psittacus coccineus Orientalis, alis   N.o 67VI.ter Theil.   Le Lory Ecarlate.
ex viridi et nigro variis.

Le LORY Ecarlate.

Cet Oiſeau eſt de la Taïlle du dernier, c'eſt-à-dire qu'il eſt comme un petit Pigeon; ce qui le diſtingue le plus des deux derniers, c'eſt qu'il a le deſſus de la Tête rouge & que les autres l'ont noir.

Le Bec eſt orange; ſa partie ſupérieure s'etend au de là de l'inférieure, & elle eſt crochu & pointue, comme dans tous les Oiſeaux de cet ordre; le Bec ſupérieur eſt auſſi ondé ſur ſes bords (comme l'on peut le voir dans la Planche) une Peau cendrée, qui couvre le milieu de ſa baſe, ſert auſſi à renfermer les Narines, qui ſe trouvent aſſez près l'une de l'autre. Les Iris des Yeux ſont d'un Orange très beau, moins foncé ſur les bords qui touchent la Prunelle, que par tout ailleurs; les Yeux ſont placés dans une Peau nüe de couleur de cendres qui les entoure. La Tête, le Cou, tout le Corps, tant en deſſus qu'en deſſous, comme auſſi les deux Couvertures de la Queue ſont d'un trés beau rouge ou écarlate. Il n'y a que les plumes de la partie inférieure du Cou, ou bien celles du commencement du Dos, dont les extrémités ſoient jaunes, ce qui forme un Eſpace interrompu de cette couleur. La partie inférieure des Cuiſſes, exactement au deſſus des Genoux, eſt verte; leur partie ſupérieure eſt rouge, comme le reſte du Corps. Les plus grandes plumes des Ailes ſont d'un verd foncé tirant ſur le bleu; les autres ſont moins foncées. Les Couvertures du premier rang ſont d'un verd jaunâtre; les plus petites ſont d'une couleur plus obſcure; les moins grandes qui couvrent les Articulations des bras des Ailes ſont jaunes. Le bord de l'Aile un peu plus bas que l'Articulation eſt bleu; les Fibres de deux premieres plumes ſont rouges juſqu'aux extrémités qui ſont noirâtres; les Couvertures du dedans ſont auſſi de cette derniere couleur, mais bordées de jaune. Le deſſus de la Queue eſt d'un beau bleu, ſes plumes mitoyennes ont une teinte de verd; les fibres internes de la Queue ſont rouges en haut & jaunes en bas, ce qui fait que le deſſous de la Queue paroit jaunâtre. Les Jambes & les Piés ſont couverts d'une Peau écailleuſe d'un noir bleuâtre.

Cet Oiſeau appartenoit à la premiere femme du Chevalier *Robert Walpole* depuis *Comte* d'*Orfort*. Elle m'apprit qu'on le lui avoit apporté des *Indes Orientales*. J'en ai vu quatre de cette Eſpece, qui s'accordoient tous pour les marques & les couleurs; il n'y en avoit qu'un dont les couleurs fuſſent moins vives, & je crois que c'etoit une Femelle. Je n'ai point encore vu de Figure de cet Oiſeau, quoique notre compatriote Mr. *Willughby* en ait donné une Deſcription, il appelle (la Perruche écarlate aux Ailes vertes & noires) Voyez ſon *Ornithologie* P. 117. Ce qu'il en dit eſt fort peu de choſe. J'ai eu l'avantage d'en pouvoir donner une ample Deſcription, ayant fait mon Deſſein d'après l'Oiſeau vivant; & comme il me fut envoyé, après ſa mort, pour le faire empailler, j'ai eu le tems de l'examiner avec grand ſoin. Je ſuis trés convaincu que cet Oiſeau, avec les deux précedents, ſont d'une Eſpece différente & diſtincte du Perroquet; car j'en ai vu pluſieurs de chacun de ceux-ci, & ils ſe ſont tous accordés pour les couleurs, la taille & les marques.

<hr>

Le Lory ECARLATE à longue Queue.

La Figure repréfente l'Oifeau au naturel pour la Taille. Il différe de trois precédents, en ce qu'il eft plus petit, & qu'il a une Queue plus longue & plus pointue ; car les plumes du milieu paffent les dernieres des côtés d'un Pouce & demi.

Son Bec eft affez fort pour fa Taille , il eft fait comme celui d'un Perroquet; fa couleur eft orange , il eft un peu ondé fur fes bords fupérieurs; fa bafe du deffus eft couverte d'une Peau brune qui renferme les Narines, placées affez près l'une de l'autre. J'ignore la couleur des Yeux (car mon original étoit un Oifeau empaillé; mais en très bon état) ils font placés au milieu d'une Peau nuë & brunâtre. Toute la Tête , le Cou, le Corps tant en deffus qu'en deffous , les Flancs fous les Ailes , les Cuiffes avec toutes les Couvertures de la Queue font d'un beau rouge ou écarlate ; mais le devant du Cou & la Poitrine font le plus pâles , & leurs plumes font tachées d'un peu de jaune fur les bords. Les plus grandes plumes des Ailes, avec celles du milieu, font rouges, & leurs extrémités vertes ; le trois ou quatre qui reftent, & qui touchent le Dos fon entiérement d'un beau bleu. Les Couvertures du premier rang fur les Ailes font rouges avec des extrémités vertes ; les plus petits font tout-a-fait rouges, excepté vers le fommet de l'Aile autour de l'Articulation, ou elles deviennent vertes. Le dedans des Ailes eft d'un rouge pâle, les extrémes font noirâtres. Les plumes de la Queue font un peu pointues, celles du milieu font plus longues que les externes, & elles font toutes d'un rouge plus terni que celles du Corps ; les deux plumes extérieures , avec les extrémités de toutes les autres , ont une petite teinte de verd ; le deffous de la Queue eft d'un rouge terni ; les Couvertures du deffus font de même, mais bordées d'un beau bleu. Les Jambes & les Piés font noirâtres , ils reffemblent pour la Forme à ceux des autres Perroquets , les Doits font armés d'Ongles qui font affez forts.

Ce petit Perroquet , auffi beau que rare , eft le feul de fon Efpece que j'aye vu. Il etoit expofé en vente tout empaillé & perché fur un bâton, à la fenêtre d'une Boutique di Bijoutier , à *Londres* , où je l'achetai. Celui qui me le vendit, ignoroit d'ou il étoit venu. Je l'examinai avec grand foin, & je fus convaincu que c'etoit la Peau naturelle & parfaite d'un Perroquet, avant que d'en faire aucun deffein. Depuis ce tems là le Chevalier *Hans Sloane* l'a rangé dans fa Gallerie , à caufe de fa rareté. Un Curieux , qui l'y vit , dit au Chevalier, qu'il en avoit eu un de la même Efpece , & que l'Ami qui lui en avoit fait préfent, l'avoit lui même apporté de l'Isle de *Borneo*. Je ne trouve rien dans les Auteurs au fujet de cet Oifeau , & je ne crois pas qu'il ait jamais été decrit.

TAB.

Edwards ad viv. delin. J. Steigmann excudit. Joh. Schaff Leitner sculps.
Cum Privilegio Sac. Maiestatis.

Psittacus coccineus caudâ longiore. N. 186 VI. Theil. Le Lory Ecarlate a longue Queue.

G. Edwards ad viv. delin.

Psittacus minor, è coccineo viridis, Orientalis.

J. M. Seligmann excudit. Cum Priv. Sac. Cæs. Majestatis. Nr. 69. VI. Theil.

Joh. Seligm. sculps.

Le Lory Perruche

Le LORY PERRUCHE.

Cette Figure repréfente l'Oifeau dans fa grandeur naturelle. Quoique la couleur verte de fon Corps le diftingue des autres Oifeaux de cette Efpece, qui font prefque tous rouges, il s'accorde avec les deux premiers Lories que j'ai decrits par fa Calotte d'un bleu noirâtre, & avec les quatre derniers par la forme & la couleur de fon Bec, par fes Piés, par la Peau nuë qui environne les Yeux, & par fon Gofier & fa Poitrine rouge. Il ne leur céde en rien pour la beauté de fes couleurs, & l'elegante varieté de fon Plumage.

Le Bec eft d'orange vif; affez crochu, ayant fes bords fupérieurs ondés; les Narines font placées dans une Peau brune qui couvre la bafe du deffus. Les Iris des Yeux font d'orange rougeâtre, & une Peau cendré dénuée des plumes les environne. Le fommet de la Tête eft orné des plumes noirâtres luftrées d'un beau bleu; vers le derriere fe trouve un croiffant écarlate; dont les pointes regardent les Yeux. Les Oreilles font couvertes de plumes d'un bleu obfcur; celles qui les fuivent en arriére font jaunes. Les côtés de la Tête au deffous des Yeux, avec le Gofier & la Poitrine font teints d'un beau rouge ou écarlate; les plumes de la Poitrine font bordées d'un verd noirâtre. Le derriere du Cou, le Dos, les Ailes avec tout le deffous du Corps font verts, excepté un petit mêlange de jaune, favoir, un long Efpace de cette couleur qui fépare le rouge de la Poitrine du verd des côtés. Sur le milieu du Dos & les côtés du Ventre les plumes ont vers leur extrémités une Tache jaune diftincte; quelques unes des plumes des Ailes qui font les plus voifines du Dos font bordées de cette même couleur; comme le font auffi celles de l'Aile batarde; toutes les autres font entierement vertes. Le deffus de la Queue avec fes Couvertures a la même couleur, les plumes du milieu font longues, & deviennent par degrés plus courtes fur les côtés, elles font rouges en deffous à la racine, & d'un verd jaunâtre à leur extrémités; les Couvertures du deffous font de la même couleur, mais moins foncée. Les Jambes & les Ongles font d'un cendré obfcur; les Doits font placés deux devant & deux derriere, comme dans touts les Perroquets.

Cet Oifeau appartenoit à l'Epoufe du Chevalier *Wager*, pour laquelle j'en fis un deffein, & elle me permit d'en garder un autre pour moi même. Elle me dit qu'il étoit venu des *Indes Orientales*, & je l'avois crû avant que de m'en informer; par ce qu'il s'accordoit en tant de chofes avec les *Lories* rouges des *Indes*. Ce deffein a été fait d'après l'Oifeau vivant. J'en ai vu un autre de cette Efpece, mais mort; il fe diftinguoit de celui-ci, en ce que la couleur verte étoit entremêlée de jaune, & qu'il etoit difficile de dire quelle couleur dominoit. Je le mets au rang des Oifeaux dont on n'a point de Defcription, n'en ayant trouvé aucune.

Le Papillon qui eft fur cette Planche, a la Tête & le Corps d'un verd terne; les Ailes font d'un brun pâle pourpré, & parfemées de quelques Taches tranfparentes. J'en ai fait le deffein d'après Nature; je ne me rapelle point de quel endroit il venoit, mais il me femble que c'étoit des *Indes Occidentales*.

Le PERRUCHE Verte à longue Queue.

L a Figure eſt un peu moindre que Nature. L'Oiſeau égale les plus groſſes Grives, & ſa Queue, à proportion, eſt plus longue qu'elle ne l'eſt
pour l'ordinaire.

Le Bec eſt de la même forme que celui des autres Perroquets, de couleur de chair, plus clair à la baſe & plus foncé au bout; les Narines ſont
placées dans une Peau ſur ſa baſe ſupérieure. Les Iris des Yeux ſont rougeâtres du côté extérieur, mais tirant ſur le cendré prés de la Prunelle qui
eſt noire; une Peau nuë couleur de chair les entoure. On peut dire que tout
le plumage eſt verd, quoi qu'il ſoit nuancé de teintes d'autres couleurs. Le
deſſus de la Tête & du Cou le Dos avec le deſſus des Ailes & la Queue ſont
d'un gros verd agréable qui ne tire ni ſur le bleu ni ſur le jaune, mais tient un
juſte milieu entre eux. (On compoſe de jaune & de bleu le verd dont on
ſe ſert pour enluminer.) Le deſſous de l'Oiſeau eſt d'un verd plus clair tenant un peu du jaune; le dedans des Ailes eſt d'un verd pâle & obſcur.
Toutes les plumes de la Queue deviennent inſenſiblement, vers leur extrémités, d'un verd fort bleu, & finiſſent enfin par cette derniere couleur; elles
ſont aſſez pointues; le deſſous de la Queue tire ſur un verd obſcur. Les
Jambes & les Piés ſont de couleur de chair, ou d'un pourpre pâle, & reſſemblent à ceux des autres Perroquets.

Cet Oiſeau appartenoit (en 1736.) à l'Epouſe du Chevalier *Wager*; j'en
fis deux Deſſeins, l'un pour elle & l'autre pour moi; elle m'apprit qu'on
l'avoit apporté des *Indes Occidentales*. J'ai examiné l'*Ornithologie* de *Willughby*,
& je trouve qu'il fait mention de pluſieurs *Perruches* vertes à longues Queues,
à la P. 116; mais elles ont toutes quelque choſe de différent de la mienne,
& comme il n'en a point donné de Figure, j'ai crû faire plaiſir au Public
en leur preſentant celle-ci.

La Mouche qu'on voit ici eſt un Eſpece de Papillon, dont les Ailes
ont très peu de Duvet, & paroiſſent tranſparentes là ou elles ſont jaunes;
le Corps eſt plus noirâtre en deſſus qu'en deſſous le fond des Ailes ſupérieures eſt nuancé de jaune & d'orange; les Ailes inférieures ſont de cette derniere couleur; toutes les Ailes ſont bigarrées de noir, & mouchetées & bordées de la même couleur; le deſſous des Ailes a autour des bords des Taches
blanches, qui ne paroiſſent pas en dehors. On m'a dit que ce Papillon venoit des *Indes Occidentales*.

G. Edwards ad. vivum delin.　　　J. M. S. Seligmann excudit.
Cum Privilegio Sac. Cæs. Majestatis.

Sehott Zittner inv. sculp.

Psittacus minor viridis cauda longiore, N.° 70 VI.ter Theil.　　Le Perruche Verte à longue Queue.
Occidentalis.

G. Edwards ad viv. delin.
cum privilegio Sac. Caes. Majestatis.
N. I. VIter Theil.
Joh. Seb. Leitner sculp.
Psittacus minor, capite e coccineo ... Occidentalis.
La Perruche à Tête rouge et bleue.

La PERRUCHE à Tête rouge & bleue.

Cet Oiſeau a ici ſa grandeur naturelle. C'eſt un très beau petit Perroquet verd de l'Eſpece des longues Queues : la plume du milieu de la Queue eſt la plus longue, les autres deviennent plus courtes à meſure qu'elles s'en éloignent.

Les Ongles des bords du Bec ſupérieur ſont plus aigus que dans d'autres Perroquets ; il eſt aſſez crochu vers le bout, d'un cendré clair ou blanchâtre en deſſus, mais plus obſcur en deſſous ; les Narines ſont contenues dans une Peau qui ſépare le Bec du Front. Les Iris des Yeux ſont jaunes ou orange ; comme l'eſt auſſi la Peau nuë qui les environne, ce qui eſt peu commun. Le devant de la Tête, depuis le Bec juſqu'au milieu du ſommet, eſt rouge ou écarlate ; le reſte vers le derriere eſt d'un beau bleu, qui va ſe perdre dans le verd qui couvre le derriere de la Tête. Les deſſous des Yeux ou les Joues, le Cou, le Dos, le deſſus des Ailes & la Queue ſont d'un aſſez gros verd ; le Goſier, la Poitrine avec tout le deſſous de l'Oiſeau ſont d'une teinte plus claire, qui tire ſur le jaune. Les fibres externes des plumes des Ailes (à la reſerve de quelques unes qui ſont les plus voiſines du Dos) ſont bleues vers les extrémités ; le dedans des Ailes eſt d'un cendré obſcur. Le deſſous de la Queue eſt d'un verd ſombre. Les Jambes & les Piés ſont d'un cendré blanchâtre, tenant de la couleur de chair ; ils reſſemblent à ceux des autres Perroquets. ‑

Cet Oiſeau appartenoit à Milady *Wager* ; il etoit très vif, parloit ou bredouilloit beaucoup, & ne prononçoit que peu de mots diſtinctement. Ces Oiſeaux ſont originaires des *Indes Occidentales.* Je ne trouve dans les Hiſtoires naturelles aucune Deſcription qui leur convienne ; ce qui en approche le plus c'eſt la ſeconde *Perruche de Marcgrave*, appellée *Tuiaputejuba.* Voyez ſon *Hiſt. Avium*, Lib. 5. P. 206. Je ne crois pas pourtant que ce ſoit le même Oiſeau, & quand il le ſeroit, cette Figure que je donne ſeroit toujours néceſſaire, puiſque *Marcgrave* n'en a donné aucune des Perroquets qu'il a décrits, excepté celle de l'*Aras* bleu & jaune.

La curieuſe Dame dont je viens de parler, & qui aimoit beaucoup les Oiſeaux, en avoit ou reçu en préſent ou acheté un plus grand nombre d'Eſpeces rares ou etrangeres, qu'aucune autre perſonne à *Londres*, & je dois une bonne partie de mon Recueil de Deſſeins à la bonté qu'elle avoit, de me faire part de tout ce qui lui venoit de curieux en ce Genre.

La PERRUCHE à Gorge brune.

Cette Figure repréfente l'Oifeau de grandeur naturelle ; il eft de l'Efpece des Queues longues & pointues ; le raccourci de ma Figure fait paroitre ici la Queue moins longue à proportion , qu'elle ne l'eft dans l'Oifeau.

Le Bec eft d'un cendré clair fur fa bafe fupérieure , mais devenant infenfiblement plus obfcur jufqu' au bout ; fa partie inférieure eft brune auffi ; il eft crochu & affez pointu , ayant plûtôt des ondes que des angles fur fes bords. Les Iris des Yeux font de noifette jaunâtre ; les Yeux font placés dans une Peau nuë blanche ou d'un cendré clair. Une Bande d'un bleu foncé, de demi Pouce de large , croife le milieu du fommet de la Tête, depuis un Oeil jufqu'à l'autre. Les plumes du Front qui font le plus près du Bec, les côtés de la Tête au deffus des Yeux, avec le Gofier & le devant du Cou font tous d'un brun obfcur. Le derriere de la Tête & du Cou, avec le deffus des Ailes & de la Queue font d'un verd foncé très agréable ; les extrémités des grandes plumes font bleues en deffus & brunâtres en deffous ; les bords des Ailes qui entourent les Articulations, avec leur Couvertures du dedans, font d'un verd jaunâtre. Une teinte plus pâle de la même couleur fe trouve fur la Poitrine, le Ventre, les Cuiffes, & les Couvertures de la Queue ; le deffous de celle ci eft d'un verd jaune & obfcur. Le brun, qui eft fur la partie inférieure du Cou, fe fépare par degrés, & forme des Taches fur la Poitrine. Les Jambes & les Piés font d'une couleur de chair brun pâle ; les Doits reffemblent à ceux des autres Perroquets.

Je vis cet Oifeau chez un Gentilhomme en *York - buildings* dans le *Strand*, où une autre perfonne m'avoit envoyé pour en faire un deffein , j'appris de cet ami que cet Oifeau venoit des *Indes Occidentales.* Ce qui le diftingue le plus , c'eft qu'il a le devant de la Tête & du Cou brunâtre , les *Perroquets* ayant , pour l'ordinaire un plumage gai fur tout le Corps. Je ne trouve aucune defcription qui convienne à cet Oifeau , ainfi je penfe qu'il n'a point été décrit.

G. Edwards ad viv. delin.   J. M. Seligmann excudit.   Joh. Sebast. Leitner sculps.
Cum Priv. Sac. Caes. Majestatis.

Psittacus minor, gutture fusco,   N°. 72. VIter Theil.   La Perruche à Gorge brune.
Occidentalis.

G. Edwards ad viv. delin.

J. M. Seligmann excudit.
Cum Priv. Sac. Caes. Majestatis

Passer Angolensis, capite nigro, collo
et uropygio flavis.

Nᵒ. 73. VIter Theil.

Le Grenadier.

Le GRENADIER.

Cet Oiseau a été apporté de *Lisbonne*, & les *Portugais* le nomme *Greni-dicro*; je n'en sai pas la raison. Seroit ce par ce qu'il est hardi, forçant quelque fois les fils d'archal de sa Cage, ou bien que l'uniforme de Grenadiers de *Portugal* est orange? Ce dessein a été pris sur l'Oiseau vivant, il est de grandeur naturelle.

Son Bec est fort, assez court, noirâtre, se terminant en pointe; comme celui des Oiseaux qui brisent les Graines. Le devant de la Tête est noir, les Yeux sont environnés de la même couleur, qui s'etend sur les deux côtés de la Tête jusqu'aux Oreilles; le derriere de la Tête, & tout le tour du Cou, dans toute sa longueur, est d'un bel orange rougeâtre très vif. La partie inférieure du Dos, avec le Croupion, font de la même couleur; le milieu du Dos, le dessus des Ailes & de la Queue, qui est courte, à proportion, sont d'un brun pâle tirant sur le noir, chacune des plumes étant bordée d'un brun plus clair, excepté les plus grandes des Ailes dont les extrémités sont tout-a-fait noirâtres. Le Ventre jusqu'aux Jambes est noir; les Cuisses, le Ventre inférieur, avec les Couvertures sous la Queue sont blanchâtres. Les Jambes & les Piés ressemblent à ceux des autres petits Oiseaux, & font avec les Ongles, de couleur du chair ou blanchâtres.

Cet Oiseau appartient (en 1750.) à Mr. *George Shelvocke*, Secretaire du Comte de *Leicester*, Maitre des Postes-genéral. Mr. *Shelvocke* ayant reçu derniérement une grande quantité d'Oiseaux vivants de *Lisbonne*, qu'on avoit tirés des Etablissemens des *Portugais*, dans les parties lointaines du Monde; il a eu la bonté de me les communiquer quoique je lui fusse inconnu, & de m'inviter à passer quelques jours chez lui à *Greenvvich*, afin que j'en fisse des desseins pour remplir cette Histoire naturelle. Cet Oiseau est, d'*Angola* un Etablissement des *Portugais* sur la côte Occidentale de l'*Afrique*; son ramage n'est nullement agréable, puisque il ressemble au bruit que fait une Pendule quand on la monte. Je crois que je puis hardiment mettre cet Oiseau au rang de ceux qui n'ont jamais été décrits.

Le petit Papillon brunâtre à taches jaunes, avec l'Escarbot noir & jaune, me furent envoyés par Mr. *Roger North* de *Rougham* en *Norfolk*; il dit, que ni *Albin*, ni *Wilks*, dans leur Histoires des Teignes & des Papillons, n'ont fait mention de ce Papillon. Le bord de la Mouche est un brun tirant sur un verd obscur; les Taches sont jaunes, quelques unes en ont d'autres noires & rondes sur elles, avec de petits points jaunes au milieu. Le Papillon & le petit Escarbot sont représentés de grandeur naturelle; ils sont tous les deux originaires de la Comté de *Norfolk*.

Les Figures inférieures font voir les Coques de Scarabées ou Escarbots, sous trois points de vuë différens. Elles ont été apportées d'un païs qui est à deux cent lieux du *Cap de Bonne Esperance*, sur la côté *Orientale* de l'*Afrique* vis-à-vis une partie de l'Isle de *Madagascar*; on les avoient trouvées pendantes aux Cous des Habitants, qui s'en servoient au lieu de sifflets pour ressembler leur Betail. La surface supérieure a l'apparence d'Ailes raboteuses, & est jointe à l'inférieure d'une maniere si forte qu'il paroit impossible de les séparer, sans le mettre en pièces; elles sont fortes & dures, & ne peuvent être percées par une éguille pointue appliquée avec force. Sur leur parties supérieures s'elevent une douzaine ou plus de petites rangées de Bosses rondes qui s'etendent en long; d'autres éminences plus petites sont placées dans les Espaces qui séparent ces rangées. Ces Coques sont noirâtres, mais parsemées de Taches rouges entre chaque Bosse des rangées qui sont sur le Dos; elles ont aussi quelques Taches de la même couleur sur leur partie inferieure. Ces Coques m'ont été prêtées par M. *Child* Imprimeur, près de *Ludgate*, qui, dans un Voyage qu'il fit aux *Indes*, se les procura des Habitants qui les ôterent de leur Cou pour les lui donner. Il dit que ces Escarbots, quand ils sont en vie, volent avec grande force contre la Tête ou le Visage; il me paroit inconcevable comment ils peuvent voler du tout. Ils sont représentés ici de grandeur naturelle, & je crois qu'ils n'ont jamais été décrits. Celui ci a été gravé à l'eau forte sur le cuivre immédiatement d'après Nature.

TAB. LXXIV.

Le PINÇON Gris.

La Figure fupérieure le repréfente dans fa véritable grandeur ; le Deffein a été fait fur l'Oifeau vivant. Il a à peu près la taille, la forme & l'action de notre Linotte, & chante fort bien, comme elle. Je l'aurois nommé Linotte grife, fi nous n'avions un Oifeau de ce nom, quoiqu'il ne foit pas gris mais brun.

Le Bec eft d'un cendré obfcur, de la même forme que celui d'une Linotte, mais un peu plus gros à proportion. Les Yeux font noirâtres ; il a un peu de blanc à la bafe du Bec inférieur, qui s'etend jufqu'aux Yeux. La Poitrine, le Ventre & tout le deffous font d'un cendré foncé ; le Croupion avec les Couvertures fur la Queue font de la même couleur, mais beaucoup plus claire. Le deffus des Ailes & de la Queue eft noirâtre, il n'y a que les bords des plumes qui foient de cendré clair ; les plus grandes plumes font entiérement noirâtres à leur extrémités, & blanches vers leur racines ; ce qui forme un Efpace blanc fur chaque Aile. Les Jambes, les Pies & les Ongles font de la même forme que ceux des autres petits Oifeaux, & font de couleur de chair fombre.

Le BEC de Cire.

La Figure inférieure reprefente ce beau petit Oifeau de grandeur naturelle. Les plumes du milieu de la Queue font plus longues que celles de côtés, ce qui ne fe trouve point dans les petits Oifeaux qui mangent des Graines dans cette partie du Monde mais eft affez commun parmi les Oifeaux Carnaffiers. Ce Deffein a été fait d'après l'Oifeau vivant.

Le Bec eft affez gros pour un Oifeau à Bec dur ; il eft d'un beau rouge comme de la Cire à cacheter, d'ou je fuppofe que le nom de l'Oifeau eft dérivé. Une Bande rouge prend fon Origine à l'angle du Bec, elle eft large au milieu & finit en pointe, à l'endroit des Oreilles ; au milieu de cette Bande font les Yeux qui font noirs. Le deffus de la Tête, celui du Cou, le Dos avec le deffus des Ailes & de la Queue font d'un brun noirâtre ; les côtés de la Tête, au deffous des Bandes rouges, font blanchâtres, & la Poitrine devient intenfiblement d'un cendré clair. Les côtés du Ventre, les Cuiffes, les Couvertures de la Queue, tant en deffous qu'en deffus ont la même couleur mais brunâtre ; la partie inférieure de la Poitrine, avec le milieu du Ventre, eft marqué d'une belle Tache longue & rouge, qui fe perd peu à peu dans le cendré brunâtre qui l'environne. Toutes les plumes brunes de cet Oifeau, qui font en deffus, fur les côtés du Ventre &c. font marquées de Lignes fines tranfverfales d'un brun plus chargé, comme on le peut voir dans la Figure. Il a comme la plûpart des petits Oifeaux, trois Doits devant & un derriere ; ils font noirâtres.

Les deux Oifeaux rares que je viens de decrire, font à Mr. *George Shelvocke;* ils lui furent envoyés avec plufieurs autres, de *Lisbonne;* fon Correfpondant lui apprit, qu'on les avoit apportés des *Indes Orientales.* Je croi qu'on n'en a encore ni figure ni defcription.

La Chenille qu'on a ajoutée au bas de la Planche, par contrafte, eft d'un jaune brunâtre & fale ; c'eft içi fa grandeur naturelle ; fes Cercles & fa Forme paroiffent mieux par la Figure. Ce qu'il y a de remarquable, ce font les quatre rangs de Boffes qui s'elevent comme des Têtes de petit clous de cuivre, d'un jaune, métallique ; ils ont un fi beau luftre, qu'aucun Art ne fauroit l'imiter ; car à mon avis ils furpaffent autant l'or poli que l'or poli furpaffe le cuivre ; cette Chenille eft confervée dans une liqueur fpiritueufe, dans le Cabinet du Dr. *Richard Mead,* qui m'a fait la grace de me permettre de m'en fervir. Ce deffein a été gravé, avec de l'eau forte fur le cuivre, immediatement d'après Nature.

❊❊❊❊❊❊❊

TAB.

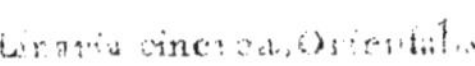

Der graue Finck. Tab. LXXIV

Edwards ad viv. delin. | ... Messzahl ... | ... sculps.

Linaria cinerea, Orientalis | ... Theil | Le F...

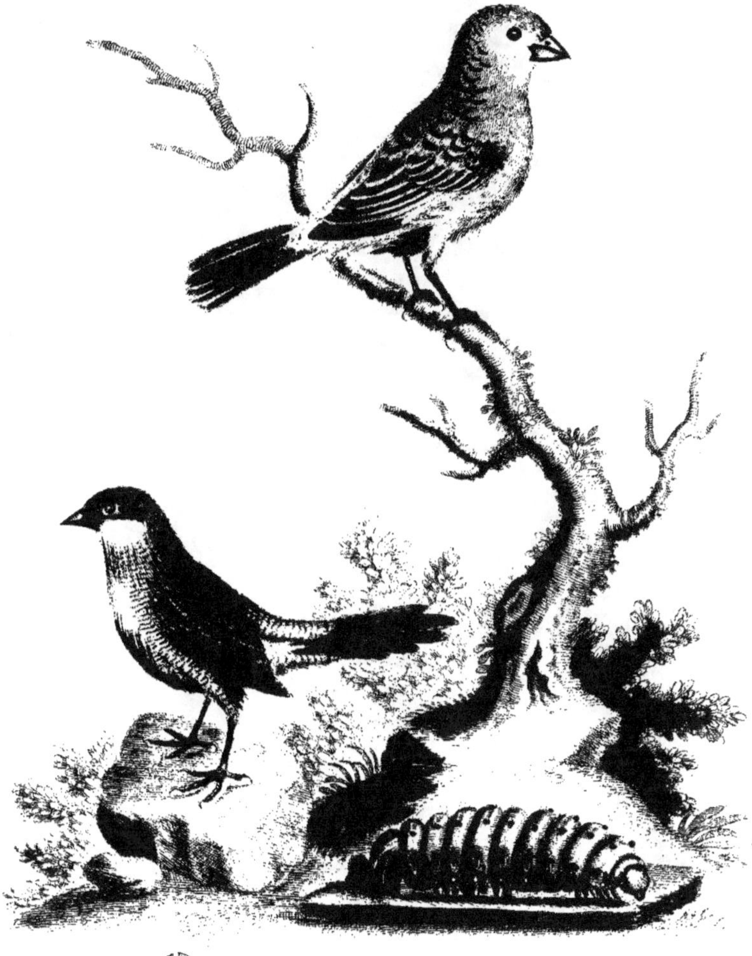

Le MOINEAU de PARADIS.

Cet Oiseau est ici representé de grandeur naturelle. Son Bec est un peu plus fort & plus gros que celui des Oiseaux qui vivent de Graines, & ce qui n'est pas commun aussi parmi ces dernieres, c'est qu'il a les plumes au milieu de sa Queue plus longues que celles des côtés. Les *Portugais à Lisbonne* (ville d'ou il a été derniérement transporté) l'appelloient, *Passero* de *Paradiso.*

Le Bec est gros; à proportion de la taille de l'Oiseau; sa forme est assez bien représentée sur la Planche; il est blanc ou bien de couleur de chair; les Narines font si proches de sa base, qu'elles font couvertes par les plumes du Front. Les Yeux font noirs ou de couleur obscure; toute la Tête est ornée de plumes rouges ou écarlates. Le dessus du Cou, le Dos, le Croupion avec le dessus des Ailes & de la Queue font d'un cendré bleu & foncé; les extrémités des plumes principales, le premier & le second rang de Couverture des Ailes, les plumes de la Queue avec ses Couvertures font toutes blanches ou d'un cendré clair. La Poitrine & le Ventre font bigarrés de noir & de blanc, presque comme des Ecailles de Poisson, mais d'une maniere moins réguliere; des Taches d'un brun rougeâtre font parsemées, parmi ce mêlange, sur les côtés du Ventre; les Cuisses, le Ventre inférieur avec le Couvertures sous la Queue font blanches. Les Jambes, les Piés & les Ongles font de couleur de chair; trois Doits font devant & un derriere, comme à l'ordinaire.

J'ai fait ce Dessein d'après l'Oiseau vivant, qui appartient à Mr. *George Shelvocke*; on lui a écrit, de *Lisbonne*, qu'il est originair d'*Angola*, en *Afrique*. Je crois qu'il n'a jamais été decrit.

La grande CHAUVE-SOURIS de MADAGASCAR.

En étendant les Ailes de cette Chauve-Souris; j'ai trouvé, que d'une extrémité à l'autre, il y avoit quarante cinq Pouces, ou trois Piés neuf Pouces, mesure d'*Angleterre.* J'ai été obligé de la representer en petit, pour que ma Planche la put contenir; mais, sur le bas, je donne la Figure de la Tête, dans sa grandeur naturelle: on pourra par là se former une Idée de cette peste (s'il m'est permis de m'exprimer ainsi.) J'ai aussi reduit en petit la Figure de notre petite Chauve-Souris, en conservant les mêmes proportions, que j'ai observées dans la grande pour qu'on pût juger de leur difference.

Elle se distingue de la nôtre en n'ayant point de Queue; ce qui fait que ses Ailes font separées, au lieu que celles des petites font jointes ensemble par la Queue, son Groin est noir, garni de Dents fortes & aigûes, tel qu'il est exactement représenté dans la Figure. Le dessus de la Tête, tout le tour du Cou & la Poitrine font d'un roux de Renard rougeâtre; le dessous du Corps est d'un brun plus clair; le Dos & les Ailes, en dessus & en dessous, paroissent noirs & obscurs, dans l'Animal séché. Il a huit petites Dents sur le devant, quatre en haut & quatre en bas. Les Jambes de derriere ont chacune cinq Doits armés d'Ongles forts; les Jambes de devant (ou plûtôt les Ailes) ont le premier Doit détaché de la Toile; il est armé aussi d'un ongle fort; le second Doit n'est point détaché, du côté interne, quoiqu'il aye un Ongle à son extrémité; les trois Doits qui restent font tissus ensemble des deux côtés, & semblent n'être que des côtes qui servent à étendre ces Membranes minces, qui forment les Ailes. Voyez trois autres fortes de Chauve-Souris, Planche 96. de cet Ouvrage.

Cette Chauve-Souris a été apportée de *Madagascar* en très bon état, dans l'Année 1748. par Mr. *May*, premier contre maître du *Houghton*, vaisseau de la Compagnie des *Indes.* Quand cette bête est blessé, d'un coup de fusil, elle devient furieuse, & tache de saisir & de mordre ceux qui veulent la prendre. Tous les Voyageurs raportent, que ces Animaux font un très grand dégat; ils plongent dans la Mer pour prendre du Poisson, & dévorent tout ce qu'ils peuvent attraper sur Terre. Mr. *Hughes*, dans son *Histoire* des *Barbades*, dit, que les Chauve-Souris de cette Isle detruisent les Cannes de Sucre: cette Chauve-Souris a été gravée sur le cuivre, immédiatement d'après Nature.

F 2

TAB.

La Petite PIE des Indes.

Cet Oifeau eft repréfenté grand comme Nature ; je le prens pour un Mâ+ le, il etoit accompagné de fa Femelle, dont les couleurs brunes étoient plus fombres ; c'eft toute la difference que j'ai trouvé entre eux; la Tête dans la Femelle étant d'un noir cendré le deffus du Dos, des Ailes & de la Queue d'un noir brunâtre ; la Queue un peu plus pointue que celle du Mâle. Les parties blanches font les mêmes dans l'un & l'autre.

Le Mâle, qu'on voit ici, a le Bec noirâtre vers fon bout; fes angles font couleur d'orange. La Tête & le Cou, jufqu'au milieu de la Poitrine, avec le Dos, le Croupion & les Couvertures des Ailes, font d'un beau noir luftré, qui refléchit une couleur changeante pourpre & bleu. Les grandes plumes des Ailes, avec les bords de celles qui tombent fur la Poitrine, font noirâtres tenant un peu du brun. Le Venrre, les Cuiffes & les Couvertures fous la Queue font noires, & un peu plus longues que celles des côtes, qui font blanches. Les Jambes & les Piés font d'un brun foncé, il a trois Doits devant & un derriere, comme c'eft l'ordinaire, les Ongles font affez forts.

Ces Oifeaux furent envoyés féchés de *Bengale*, à feu Mr. *Jofeph Dand-ridge*, en *Moorfields*, à *Londres*. Ce font les *Saularies* Mâle & Femelle de *Petiver*. Voyez le *Synopfis Methodica Avium de Ray*. P. 191. Tom. 2. N. 19. 20. Ils furent envoyés à Mr. *Dandridge*, fous le nom du *Dyal. Albin* a donné une Figure & une defcription de ces Oifeaux dans le 3me Vol. P. 17. de fon *Hi-ftoire des Oifeaux*, où il leur donne le nom de *Pie de Bengale*; mais comme les Figures & les Defcriptions que j'ai vu m'ont paru imparfaites, j'ai volu ef-fayer d'en donner des plus correctes; & comme j'ai dejà commencé à perfe-ctioner le Recueil d'Oifeaux de Mr. *Dandridge*, dont *Albin* a donné des Figures, j'ai deffein de continuer jufqu'à la fin; par ce que la plûpart des fujets me paroiffent nouveaux & très curieux. Cette Apologie fuffira une fois pour toutes.

Le Petit ECUREUIL de TERRE rayé.

La Figure du bas de la Planche repréfente ce joli petit Animal dans fa grandeur naturelle. Il eft, en gros, d'un brun rougeâtre ; mais a cepen-dant les varietés fuivantes. Le contour du Nez, & celui des Yeux eft blanchâtre; il a auffi fur fes Flancs une raye de la même couleur, bordée de noir en def-fus & en deffous. Le long de l'épine du Dos fe trouve une Ligne noire qui va prefque jufqu'à la Queue; cette derniere eft d'un brun plus obfcur que le Corps. Les Yeux font noirs & à fleur de Tête; le Ventre eft toute à fait blanc ; le bout du Nez & les Piés, qui ne font que peu chargés de Poil, paroiffent de couleur de chair ; les Piés de devant ont quatre Doits chacun, avec le commencement d'un autre ; ceux de derriere en ont cinq parfaits.

Cet Ecureil appartenoit au Chevalier *Hans Sloane*; ces Animaux vien-nent de la *Caroline*, auffi bien que des autres parties feptentrionales de l'*Ame-rique*. Feu Mr. *Catesby*, mon ami, en a donné une Figure & une Defcri-ption dans fon *Hiftoire de la Caroline*, Vol. 2. P. 75. mais comme fon ouvra-ge eft d'un grand prix, & à portée de peu de perfonnes, j'efpere que cette Figure fera plaifir au Public.

G. Edwards ad vivum delin.   J. M. Seligmann excudit.   Joh. Seb. Leitner sculps.
                                    Cum Priv. Sac. Cæs. Majestatis.

Pica minor, Bengalensis.   N.° 76 VI.ter Theil.   La Petite Pie des Indes.
Sciurus minor ſtriatus, Carolinenſis.   Le Petit Ecureuil de Terre rayé.

G. Edwards ad viv. delin.   J. M. Seligmann excudit.   Joh. Sebast. Leitner sculps.
Cum Priv. Sac. Cæs. Majestatis.

Picus Bengalensis, maculatus.   N.º 77. VI.ter Theil.   Le Pivert Moucheté des Indes

Le PIVERT Moucheté des Indes.

L'on voit içi l'Oiseau de sa grandeur naturelle. *Albin* dans son *Histoire des Oiseaux*, Vol. 3. P. 21. en a donné la Figure; il dit, qu'il est de la Taille du *Pivert d'Angleterre verd*, mais il se trompe: il auroit eu raison de le comparer à notre gros *Pivert moucheté*. Mais quand un Oiseau est representé de grandeur naturelle, comme celui d'*Albin*, il n'est point necessaire, de la comparer à quelque autre Oiseau que ce soit pour iuger sa Taille.

Le Bec est long & droit, il a des Rainures sur sa partie supérieure, sa couleur est noirâtre. Le dessus de la Tête depuis le Bec en arriere est noir, parsemé de petites Taches blanches; le derriere de la Tête est garni de longues plumes écarlates, qui tombent en arriere & ressemblent à une Huppe; les côtés de la Tête, sous les Yeux, sont blancs. Le Gosier, depuis le Bec jusqu'au milieu de la Poitrine, est couvert, d'une maniere brisée & confuse, de grandes Taches noires & blanches; le derriere du Cou est noir; sur ses côtés se trouve une Ligne blanche qui descend jusqu'aux Ailes. Le Dos commence par être jaune & finit, avec le Croupion, par un verd terne; le Ventre, les Cuisses & les Couvertures sous la Queue sont de couleur blanche parsemée de Taches en forme de croissant; ces Taches deviennent moins marquées à mesurequ'elles s'eloignent de la Poitrine. Quelques unes des Grandes plumes externes sont noires, croisées de Bandes étroites blanches; le reste des plumes qui sont près du Dos, avec le rang de Couverture au dessus d'elles, sont d'un verd terne; l'Aile batarde, ou la Couverture qui tombe sur les grandes plumes est noire, croisée de blanc; les plus petites Couvertures de la partie supérieure des Ailes sont d'un brun obscur ou noirâtre, parsemé de Taches blanches très bien marquées, en forme de feuilles d'arbres; les Couvertures vertes, qui séparent les Couvertures brunes des grandes plumes, sont mouchetées d'un verd jaune plus clair. La Queue est noirâtre tenant un peu du verd terne; les plumes en sont roides & pointues comme dans les autres *Piverts*. Les Jambes, les Piés & les Ongles sont noirâtres; les Talons paroissent rougeâtres; il a deux doits devant & deux derriere sur chaque Pié; les Ongles sont assez forts.

Cet Oiseau a été pris du Recueil de Mr. *Dandridge*; il à été apporté de *Bengale* & n'est jamais été décrit que par *Albin*. Mr. *Dandridge* étant peu satisfait des desseins que ce dernier avoit faits des Oiseaux, me pria de les emporter tous chez moi pour que j'en fisse d'autres à mon loisir, & que je les misse au jour en meilleur état. Je ne dirai rien de la couleur de leur Yeux, *Albin* l'ayant déjà fait, quoi qu'ils fussent apportés tous sechés chez Mr. *Dandridge*, & que par consequent leur Yeux devoient être ternis.

Le MEROPS mangeur d'Abeille des INDES.

C'eſt ici la grandeur naturelle de l'Oiſeau: il différe du *Merops* ou du *Mangeur d'Abeilles* de l'*Europe*, en ce qu'il eſt de la moitié moins gros, & qu'il a les plumes mitoyennes de la Queue beaucoup plus longues. C'eſt, ſans contredit, une Eſpéce diſtincte de celle de l'*Europe*, quoique Mr. *Albin* faſſe du petit Oiſeau le Mâle du plus grand.

Le Bec eſt aſſez long, pointu & un peu recourbé en bas; ſa partie ſupérieure eſt noirâtre, l'inférieure eſt blanchâtre vers ſa baſe; une Ligne noire prend ſa ſource à ſon angle, paſſe au travers des Yeux & deſcend ſur les côtés de la Tête: le commencement du Front, près du Bec eſt bleu, comme l'eſt auſſi le Goſier, avec les côtés de la Tête qui ſont au deſſous des Yeux; le deſſus & le derriere de la Tête & du Cou ſont rouges ou orangés. Sur la partie ſupérieure de la Poitrine nait une Bande transverſale noire, faite en forme de Croiſſant dont les pointes ſont en haut. Le Dos avec les plus petites Couvertures des Ailes ſont d'un verd de *Perroquet*; le Croupion ou les Couvertures de la Queue ſont d'un verd bleuâtre; la Poitrine & le Ventre ſont d'un verd plus clair; les Cuiſſes ſont d'un brun rougeâtre, les Couvertures ſous la Queue ſont d'un verd terne. Les extrémités des grandes plumes des Ailes ſont noirâtres, & vers leur racines elles ont un petit bord verd; les plumes mitoyennes ſont orange bordées de verd, & tachées preſque juſqu'aux extrémités, qui ſont orange; les plumes qui ſont près du Dos ſont tout a fait vertes; le premier rang de Couverture qui eſt au deſſus des Ailes a le milieu de ſes plumes couleur d'orange, & leur bords verts. La Queue eſt verte; les tuyaux des plumes ſont d'un brun chargé; ſes deux plumes mitoyennes s'etendent deux Pouces au delà des autres, elles ſont brunes vers leur extrémités, & très étroites, n'etant preſque que des tuyaux; le deſſous de la Queue eſt d'un verd terne. Les Jambes ſont courtes comme celles du *Martin Pêcheur*, dont cet Oiſeau eſt une Eſpéce; les trois Doits de devant ſont en partie joints enſemble, l'extérieur á celui du milieu plus que les autres; les Ongles ſont aſſez forts; les Jambes & les Piés ſont d'un brun obſcur.

Cet Oiſeau fait partie du Recueil de Mr. *Dandridge*; il a été apporté de *Bengale*. *Albin* en a donné une deſcription, où il emprunte pluſieurs Lignes entieres de la deſcription du *Merops* de *Willughby*, qui eſt, ſans contredit, un Oiſeau tout différent. Voyez la deſcription de *Willughby* dans ſon *Ornithologie*, P. 147 & l'*Hiſtoire des Oiſeaux par Albin*, Vol. 3. p. 29.

ELICHRYSUM Africanum, Foliis lanceolatis, integris, tomentoſis, decurrentibus, Capitulis congeſtis, ex Rubello aureis.

C'ette Plante ne porte, à ce qu'on m'a dit, qu'un ſeul Bouquet de Fleurs ſur ſon ſommet; je l'ignorois quand j'ai fait graver cette Planche, & ayant un Bouquet devant moi, j'en augmentai le nombre pour rendre l'effet plus beau; mais je ſuis bien aiſe de corriger ici cette mepriſe.

Les Fleurs qu'on voit ici ſont de grandeur naturelle; elles ont la forme d'un Articheau, leur parties ſupérieures ſont rouges ou couleur de roſe, leur inférieures aurores; les Feuilles de la Plante ſont d'un blanc ſale, ſans pédicules; une ſubſtance cotonnée les couvre, de même que la Tige. Mr. *Watſon*, Membre de la S. R. en *Alderſgate-Street*, m'a fait le plaiſir de me donner le nom Botanique qu'on vient de voir. Je ne ſache pas que cette Plante ait ete décrite.

Mon bon ami, Mr. *Iſaac Worth*, qui commandoit le *Houghton*, vaiſſeau de la *Compagnie* des *Indes Orientales*, l'a apportée du *Cap de bonne Eſperance*, en 1749.

Merops major Bengalensis, caudâ duabus [...] longioribus et tenuibus inflexis.

Turdus fuscus Bengalensis, non maculatus. No. 79 Vol. ... La Grive Brune des Ind...

La GRIVE brune des INDES.

L'on voit içi la grandeur naturelle de l'Oiſeau : il paroit clairement que c'eſt une Eſpece, de Grive, quoiqu'il ſoit ſans Taches. *Albin* en a donné une Figure dans le 3me Vol. P. 18. de ſon *Hiſtoire des Oiſeaux*; il dit que les bords externes des Couvertures & des grandes plumes ſont blancs , ce que je n'ai pu découvrir; les bords de ces plumes ſont, à la verité, d'un brun plus clair , mais bien éloigné du blanc.

Le Bec reſſemble aſſez à celui d'une Grive, il eſt jaune. La Tête avec tout le côté de deſſus, ſavoir le Cou, le Dos, les Ailes, le Croupion & la Queue ſont d'un brun foncé & obſcur; la Poitrine , le Ventre, les Cuiſes & les Couvertures ſous la Queue ſont de la même couleur , mais plus claire; elle ſe mêle inſenſiblement avec la plus obſcure, ſur les côtés du Cou, & ſur la partie ſupérieure de la Poitrine. Les bords des plumes des Ailes ſont d'une couleur un peu plus claire que le milieu; le deſſous de la Queue eſt plus foncé que le deſſus; les plumes du milieu ſont d'un Pouce plus longues que celles des côtés, qui deviennent plus courtes par degrés. Les Jambes, les Doits & les Ongles ſont tous jaunes; il a trois Doits devant & un derriere, comme la plûpart des Oiſeaux.

Cet Oiſeau fait partie du Recueil de Mr. *Dandridge*; il a été apporté de *Bengale* dans les *Indes Orientales*; *Albin* lui a donné des Yeux d'un beau jaune, quoique je n'en puiſſe rien dire; puiſqu'il n'en avoit que de verre. Les *Indiens* de *Bengale* le nomment *Baniahbovv*.

Le Papillon noir & blanc de la *Chine*, qu'on voit içi avec l'Oiſeau, eſt du Recueil de Mr. *Robert Nesbit*, Docteur en Medecine, & Membre du Collège des Médecins à *Londres*. Comme ce Papillon n'a que du noir & du blanc, la Figure le decrit mieux que je n'euſſe pu le faire. Les Yeux ſont bruns; les Ailes inférieures en ſont auſſi un peu colorécs, vers les endroits où elles touchent le Corps. Les Taches noires le ſont un peu moins en deſſous qu'en deſſus.

J'ai fait quelques additions nouvelles & curieuſes, aux Planches des Oiſeaux de Mr. *Dandridge*, qui avoient déjà été publiées par *Albin*. Comme je ne prétends point que les Oiſeaux qui ſont repréſentés ſur mes Planches ſoient des ſujets nouveaux, je me ſuis efforcé d'en faire des Figures, & des Deſcriptions plus parfaites que celles qu'on a eues juſqu'à preſent.

La GRIVE dorée, Iɛterus.

La Planche repréfente l'Oifeau de grandeur naturelle; c'eſt un Oifeau de Paſſage; on en trouve dans le Sud de l'*Europe*, pendant tout l'Eté, & j'en ai receu quelques uns de *Bengale* dans les Indes Orientales.

Le Bec eſt un peu plus fort à proportion, que celui d'une Grive commune, il eſt rouge; les Iris des Yeux le ſont auſſi (comme le rapporte Mr. *Willughby*, qui en avoit tué un à coup de fuſil en *Allemagne*); une Ligne noir s'etend depuis les angles du Bec jusqu'aux Yeux. La Tête, le Cou, tout le Corps, tant en deſſus qu'en deſſous avec les Cuiſſes & les Couvertures du deſſus & du deſſous de la Queue ſont d'un beau jaune ou aurore. Le deſſus des Ailes eſt noir, à la reſerve des grandes plumes dont les extrémités ſont jaunes; les Couvertures qui ſont immediatement au deſſus, appellées l'Aile batarde, ont auſſi leur extrémités de la même couleur; mais la marque eſt plus grande dans celles-ci, ce qui forme une Tache jaune ſur l'Aile; le deſſous des grandes plumes eſt noirâtre; la premiere plume eſt fort courte ne paſſant pas la moitié de la ſeconde. Les plumes de la Queue ſont aſſez égales en longueur; les mitoyennes ſont tout-à-fait noires; celles des côtes le ſont auſſi dans plus de la moitié de leur longueur, à commencer de la racine; le reſte jusqu'au bout eſt aurore. Les Jambes & les Piés reſſemblent à ceux des autres Grives, elles ſont noires ou de couleur obſcure.

On m'a envoyé un de ces Oifeaux dans une liqueur ſpiritueuſe de *Bengale*, & un autre de *Gibraltar*, où il avoit été tué d'un coup de fuſil ſur le Rocher. On le connoit en *France* ſous le nom de *Loriot*; c'eſt le *Witvvall, Galbula, Galgulus,* ſeu *Picus nidum ſuſpendens*, Aldrow. *Oriolus* Alberti, *Chloreüs* Ariſtotelis, & *Iɛterus* Plinii. Voyez l'*Ornithologie* de *Willoughby*, P. 198. Je crois que le *Geai jaune* & le *Geai couleur de Buffle de Petiver* ne ſont que le Mâle & la Femelle de cette Eſpece, Voyez le *Synopſis metho- dica Avium de Ray*. P. 194. Tab. I. Fig. 8. 9. *Albin* eſt le dernier Auteur qui ait donné la Figure de cet Oifeau. Voyez ſon Oifeau jaune de *Bengale*, Vol. 3ᵐᵉ. P. 19. de ſon *Hiſtoire des Oifeaux*; mais il avoue que c'eſt la copie d'un Deſſein chez Mr. *Dandridge*, il étoit très malfait, & point du tout ſelon nature; c'eſt ce qui m'a fait publier cette Figure faite exaɛtement d'après l'Oifeau; j'eſpére que les Curieux m'en ſauront gré; par ce que je ne connois aucun Auteur *Anglois* qui en ait donné de Figure. *Albin* ignoroit aſſurement que cet Oifeau fut commun en *Europe*, ou bien il en a voulu impoſer aux Novices, en leur préſentant cet Oifeau pour une Eſpece qui n'eut point été decrite.

G. Edwards ad viv. delin.   N. 80. VI. Theil.   Le Grive Dorée, Icterus

Galbula Bengalensis.

G. Edwards ad vivum delin.

J. M. Seligmann excudit
Cum Priv. Sac. Cæs. Majestatis
Nº 82. VI.ter Theil.

Johann Michael Seligmann sculps.

Sturnus luteus, Bengalensis.   L'Etourneau Taune des Indes

L'ETOURNEAU Jaune des INDES.

Cet Oiſeau eſt repréſenté içi ſelon Nature.   *Albin* en a déjà donné une Figure, mais il lui a fait le Bec beaucoup trop gros.

Le Bec eſt formé comme celui d'un Etourneau, d'un brun rougeâtre vers la baſe, & devenant plus obſcur en approchant du bout.   (Voyez la couleur des Yeux dans l'*Hiſtoire des Oiſeaux par Albin*, Vol. 2. P. 38.)   Lel Front depuis le Bec juſqu'aux Yeux eſt d'un jaune vif; les plumes qui ſont aux en-virons de ces derniers ont une couleur noirâtre.   Le deſſus, le derriere & les côtés de la Tête au deſſous des' Yeux ſont noirs, cette couleur s'etend plus ſur les côtés de la Tête que ſur le derriere, & va ſe mêler & ſe perdre dans le jaune du Front & le brun qui eſt autour des Yeux.   La Gorge, exactement au deſſous du Bec, eſt blanchâtre; la Poitrine eſt d'un jaune clair; le Ventre & les Couvertures ſous la Queue de la même couleur mais plus chargée; le Goſier & la Poitrine ônt de longues Taches noires ou obſcures ſur les Tuyaux de leur plumes.   Le deſſus du Cou, le Dos, le Croupion avec les Couvertures du deſſus de la Queue ſont d'un gros jaune. Les plus grandes plumes des Ailes ſont noirâtres avec des bords étroits de jaune ſur leur fibres, à la reſerve de la premiere plume qui eſt courte & toute noire; les plus petites qui ſont près du Dos ſont noirâtres avec des bords larges de jaune ſur leur fibres; toutes les Couvertures du deſſus des Ailes ſont de cette derniere couleur, ayant des Taches brunâtres aſſez gran-des ſur leur milieu.   Les plumes mitoyennes de la Queue ſont brunes tirant ſur le jaune; leur extrémités ſont jaunes; les plumes des côtés le ſont tout-à-fait.   Les Jambes & les Piés ſont noirs ou obſcurs; les Doits ſont placés de la maniere ordinaire, comme la Figure le fait voir.

J'ai vu cet Oiſeau dans le Recueil de feu Mr. *Dandridge*; il avoit été apporté, avec pluſieurs autres, de *Bengale*, dans les *Indes Orientales*.   Je ne ſache aucun Auteur qui en ait parlé que Mr. *Albin*; je l'aurois nommé l'*Icterus* moucheté, mais je n'ai pas crû qu'il convint de multiplier les noms, Mr. *Albin* l'ayant dejà nommé l'Etourneau jaune.   Cet Oiſeau pour-roit bien être le *Geai* bigarré de *Petiver*; Voyez le *Synopſis Methodica Avium* de Mr. *Ray*, P. 195. Tab. 2. N. 7.

L'ETOURNEAU noir & blanc des INDES.

L'on voit ici l'Oiseau dans sa grandeur naturelle. *Albin* en a donné la Figure, mais il a confondu deux Lignes blanchâtres qui devoient être séparées, la premiere est sur le derriere de la Tête; la seconde est au bas du Cou, derriere lequel il les fait rencontrer; ce qui ne se trouve point dans l'Oiseau, & qui ne s'accorde pas avec sa propre description. Il a aussi oublié de parler de la blancheur des fibres externes des plumes extérieures de la Queue, & a fait quelques autres omissions.

Son Bec est aigu, assez gros à la base, & très peu recourbé en bas; d'une couleur jaune tirant sur l'orange. Le Front est blanc vers la base du Bec; cette couleur se continue tout-au-tour des Yeux, derriere lesquels elle forme un Espace grand comme l'Ongle, d'ou nait une Ligne blanchâtre qui passe d'un Oeil jusqu'à l'autre, par le derriere de la Tête. Le Sommet, au dessus de la Ligne blanche, est noir; comme le sont aussi le Gosier & tout le tour du Cou; cette couleur s'etend sur le devant plus bas que sur le derriere; le noir de la Tête & du Cou refléchit un lustre verd. Le Dos, le Croupion, le dessus des Ailes & de la Queue sont d'un brun noirâtre sans lustre; le bord de l'Aile qui est près de la Poitrine est blanc; les bords extérieurs des grandes plumes sont d'un brun plus clair que les autres parties; les extrémités des Couvertures du premier rang qui sont au dessus des Ailes sont blanches, ce qui forme une Ligne brisée de cette couleur qui croise l'Aile. Les bords des fibres externes de chacune des plumes extérieures de la Queue sont blanches. La Poitrine, le Ventre, les Cuisses & les Couvertures sous la Queue ont la même couleur. Une Ligne d'un blanc brunâtre part de chaque côté de la partie supérieure de la Poitrine, & va se joindre sur la partie inférieure du Cou par derriere, ce qui forme en cet endroit une espece de Collier. Les Jambes & les Piés ressemblent à ceux des Oiseaux de la même Espece; ils sont d'un brun rougeâtre ou de couleur de chair obscure.

Cet Oiseau étoit dans la collection de feu Mr. *Dandridge* & *Albin* en a deja donné la Figure, dans son *Histoire des Oiseaux*, Vol. 3. P. 20. Comme j'ai deja donné les raisons qui m'ont engagé a publier de nouveau les Oiseaux de Mr. *Dandridge*, je n'ajouterai rien de plus. Cet Oiseau a été apporté de *Bengale*, où on le nomme *Contra*; mais comme il m'a paru être du Genre des Etourneaux, je lui ai donné le nom qu'on vient de voir.

J. Edwards ad vivum delin.　　J. J. Schwemmen excudit.　　Joh. Elias Ridinger sculp.

Sturnus ex albo et fusco varius,　　N. 82. VIter Theil.　　L'Etourneau noir et blanc des Indes

Coccothraustes vulgaris.   Le Gros-Bec

Le GROS-BEC.

Cette Figure repréfente l'Oifeau de grandeur naturelle ; ils ne font point originaires de l'*Angleterre*, quoi qu'ils s'en trouve dans de rudes Hivers. Ce qui le diftingue le plus, c'eft la forme des extrémités des plumes mitoyennes des Ailes, qui reffemblent à une Hache d'armes antique, la Figure le fera mieux comprendre que mes paroles; perfonne n'a encore pris connoiffance de cette fingularité.

Le Bec eft très gros à proportion, court pour fa groffeur, d'une couleur de chair pâle, mais brun à fon bout qui eft affez aigu. Les Narines font en partie couvertes par les plumes qui font fur la bafe du Bec ; ce dernier eft entouré d'une bordure de plumes noires etroite en haut, & profonde près d'un Pouce fur le Gofier; une autre Ligne de la même couleur prend fon commencement fur les côtés du Bec, & s'etend jufqu'aux Yeux. Les Iris de ces derniers font d'un cendré blanchâtre; la Tête, le Croupion ou les Couvertures du deffus de la Queue font d'un rouge agréable qui tire fur un brun clair; le derriere du Cou, eft couleur de cendres bleuâtre; le Dos eft d'un brun chargé & fombre. Le devant du Cou, la Poitrine, le Ventre & les Cuiffes font d'un brun pâle agréable qui tient de la couleur de la fleur de Pécher; le Ventre inférieur avec les Couvertures fous la Queue eft blanc. Les grandes plumes ou les extérieures des Ailes font noires; (les fibres internes font tant foit peu colorées de blanc, qu'on ne peut appercevoir que quand l'Aile eft un peu étendue en bas; comme on le voit dans l'Attitude que j'ai donné à cet Oifeau) les plumes mitoyennes font noirâtres, reflechiffant un luftre pourpre & bleuâtre; la forme de leur extrémités les rendent dignes de remarque; les internes qui font près du Dos font d'un brun rougeâtre; le premier rang des plumes de Couverture eft blanc en haut, & devient infenfiblement plus brun; ce qui forme, avec les dernieres une Ligne oblique qui croife l'Aile, dont le bord qui touche la Poitrine eft blanc; les plus petites Couvertures des Ailes font noires, celles du dedans font blanches, avec un petit mélange noir fur le bord de l'Aile. Les plumes du milieu de la Queue font brunes; les fibres externes des plumes extérieures font de la même couleur; les plumes internes font noires en haut & blanches en bas; ce qui fait que la Queue, quand elle eft fermée, paroit brune; mais quand elle eft ouverte on eft frappé d'un beau melange de brun, de noir & de blanc. Les Jambes & les Piés font d'une agréable couleur de chair; leur forme fe voit dans la Figure.

J'ai fait ce deffein par l'ordre du feu *Duc de Richmond*, (mon très noble pâtron, dont je regrette fincérement la perte) il me l'envoya de fa maifon, à *Goodvvod*, dans la Province de *Suffex*. C'eft là qu'il avoit été tué d'un coup de fufil fur un Pin; c'eft pour cette raifon que je l'ici perché fur un *Cedre de Libanon*, deffiné d'après Nature dans le Jardin Botanique de *Chelfea*; mais reduit à la moitié de fa grandeur, pour qu'il pût être contenu dans la Planche. Voyez ce que Mr. *Willughby* dit de cet Oifeau dans fon *Ornithologie*, Page 244. *Albin* en a auffi donné une Figure & une Defcription, copiée, prefque entierement, de *Willughby*. Voyez fon *Hiftoire des Oifeaux*, Vol. I. P. 54. Les *Allemans* le nomment *Kernbeiffer*. Mr. Robert en a donné une Figure & il l'appelle *Pardalus* Gros-bec, ou Pinfon Royal. *Willughby* lui donne le nom Latin *Coccothrauftes vulgaris*.

Le MOINEAU des INDES a Tête jaune.

C'eſt içi la grandeur naturelle de l'Oiſeau. On en tranſporta deux, & *Albin* les deſſine l'un & l'autre comme ſi l'un avoit été le Mâle & l'autre la Femelle; il a auſſi mis des différences dans ces Deſcriptions, quoiqu'en examinant les Oiſeaux avec ſoin je n'y en ai point trouvé d'eſſentielles; ils m'ont tellement paru les mêmes, que je crois qu'une Figure ſuffit pour les deux.

Le Bec eſt d'une couleur claire ou blanchâtre, gros & fort, comme celui d'un Moineau. Le deſſus de la Tête eſt jaune ou aurore; le Cou, le Dos, les Ailes & la Queue ſont d'un brun chargé ou obſcur, les bords des plumes ſont plus clairs, ce qui fait que le deſſus de l'Oiſeau paroit d'un brun clair taché d'un plus foncé. Une Bande de la même couleur que le deſſus, part des côtés du Cou & croiſe la Poitrine; les côtés de la Tête, au deſſous des Yeux, & le Goſier ſont blancs ou couleur de crême, juſqu'au Collier des plumes brunes. Sous ce dernier, le Ventre, les Cuiſſes & les Couvertures ſous la Queue ſont d'un blanc jaunâtre; les côtés du Ventre ſont mouchetés de longues Taches d'un brun pâle. Les Jambes & les Piés reſſemblent à ceux des petits Oiſeaux, & ſont de couleur de chair.

Le Deſſein de cet Oiſeau eſt tiré de la Collection de Mr. *Dandridge;* il eſt venu de *Bengale.* Voyez les Figures d'*Albin* dans ſon *Hiſtoire des Oiſeaux* Vol. 2. P. 48.

Le Papillon, qui eſt içi repréſenté avec l'Oiſeau, a le Corcelet & les Yeux noirs avec des Taches blanches; la partie inférieure du Corps eſt brune ou orange. Le deſſus des Ailes les plus longues eſt de cette derniere couleur; leur bords & leur extrémités, juſqu'à près de la moitié de leur longueur, ſont noirs, ce noir eſt couvert de pluſieurs Taches blanches grandes & petites. Les Ailes les plus courtes ſont auſſi d'orange, mais plus pâle; il s'y trouve trois ou quatre Taches noires ſur chacune, avec des bords de la même couleur qui ſont mouchetés de Taches blanches. Le deſſous de la Mouche eſt plus pâle que le deſſus. Là ou les extrémités des grandes Ailes ſont noires en deſſus elles ſont jaunes en deſſous. Ce papillon rare eſt venu de la *Chine,* & fait partie de la Collection du Docteur *Nesbitt, Membre du Collége Royal des Medecins, à Londres,* qui a eu la bonté de me le prêter.

Passer, Bengalensis, Capite flavo.   Le Moineau des Indes à Tête jaune.

Der indianische Brustwender
Tab. LXXXV.
G. Edwards ad viv. delin.
J. M. S. Seligmann excudit.
Cum Priv. Sac. Cæs. Majestatis.
Nro. I. VIter Theil.
Ruticilla, Bengalensis.
Le Rouge-Queue des Indes.
Lacertus è viridi griseus, Orientalis, caudâ squammosâ
Le Lezard des Indes à Queue d'Epine.

Le ROUGE QUEUE des INDES.

L'on voit içi l'Oiseau dans sa grandeur naturelle. Je ne saurois fixer son Genre; il a des Poils noirs autour des angles de la Bouche, comme les Oiseaux qu'on appelle Bouchers & les Tette-chévres; la forme de son Bec est différente du leur, car il n'est pas si fort que celui des premiers, ni si foible que celui des derniers. Je l'ai nommé Rouge queue pour me conformer à *Albin*. Voyez son Hist. Vol. 3. P. 52.

Le Bec est brun à la base & noir à son extrémité. Le dessus de la Tête est garni de plumes noires longues & douces, qui pendent en arriere comme une Huppe, que je suppose il peut lever. Il y a sous chacun des Yeux un Espace environné, en dessous, de plumes blanches: le Gosier, la Poitrine, le Ventre & les Cuisses ont aussi cette derniere couleur. Les côtés du Cou & de la Poitrine, sont couverts de plumes noires, qui se mêlent confusément avec les blanches de la Poitrine, & les brunes du derriere du Cou; cette derniere Partie avec le Dos, les Ailes & la Queue sont d'un brun chargé ou obscur; les bords des grandes plumes sont d'un brun plus pâle; le bord de l'Aile qui touche la Poitrine est blanchâtre. Toutes les plumes du Croupion avec les Couvertures sous la Queue font d'un très beau rouge, les Jambes & les Piés sont noirâtres.

Cet Oiseau faisoit partie de la Collection de Mr. *Dandridge*, il a été apporté de *Bengale*. J'acheve par cette Figure, de faire reparoître les mêmes Oiseaux que Mr. *Albin* avoit tiré de cette Collection; à la reserve du *Geai de Bengale*. Vol. I. P. 17. de la *Caille de Bengale*. P. 27. du petit, *Pêcheur Royal de Bengale*. P. 85. Mr. *Albin* ayant copié ces derniers d'après des Desseins faits aux *Indes*. Je les ai omis, parce que j'ai résolu de ne jamais donner de Dessein, qui ne soit immédiatement fait d'après Nature.

Le LEZARD des INDES à Queue d'Epines.

La Planche montre sa grandeur naturelle. La Tête & les Jambes sont d'un verd terne; le dessus du Corps est de même, mais parsemé de Taches d'un cendré clair. Trois Bandes noires croisent les Epaules; les Flancs tiennent de la couleur de rose. La Tête, le Corps & les Jambes sont couverts d'Ecailles si menues, qu'elles ressemblent à une Peau lisse. Les Ecailles de la Queue sont grandes, leur extrémités sont pointues, & sortent en dehors d'une maniere peu commune; les Ecailles, qui sont sur le milieu de dessus de la Queue, ne tombent pas sur celles qui les touchent de chaque côté, mais celles-ci sur elles; ce qui est assez extraordinaire. Ceci est bien exprimé sur la Planche, qui a été gravée immédiatement d'après Nature. La Queue est d'un verd brunâtre plus clair en dessous qu'en dessus.

Ce Lezard m'a été presenté en vie par mon ami Mr. *Isaac Worth*, qui l'avoit apporté des *Indes Orientales*. Je crois qu'on n'en a point encore publié de Figure. *Petiver* en a donné une d'un Lezard a grandes écailles pointues, & qu'il appelle le *Lezard du Cap à ecailles raboteuses*. Cat. 403. Il dit, que quand il est blessé, il dresse toutes ses Ecailles & pleure comme un enfant; il ne parle point de sa grandeur, qui est à peu près la même dans nos deux Figures; mais la Queue de la sienne est plus courte que celle de la mienne.

Le PINÇON Rouge & Bleu du BRESIL.

C'eſt içi la Taille naturelle de l'Oiſeau ; il eſt de la même ſtructure que nos petits Oiſeaux de chant, mais ſa Queue eſt plus long à proportion; ſes plumes mitoyennes ſont auſſi plus longues que celles des côtés, qui deviennent par degrés plus courtes ; ce qui eſt peu commun parmi les Oiſeaux de ce Genre. C'eſt un Oiſeau éveillé, dont le chant eſt très joli.

Le Bec a la même forme que celui d'un Chardonneret, d'un très beau rouge ou écarlate: les plumes qui environnent le Bec ſupérieur & les côtés de la Tête forment, autour des Yeux un Eſpace aſſez étendu d'une belle couleur de pourpre. Les Yeux ſont noirâtres, mais les Paupieres ou la Peau qui environne les Yeux ſont d'un bel écarlate ; il y a auſſi une Ligne noirâtre tirée du Bec juſqu'à l'Oeil ; le Goſier, exactement au deſſous du Bec eſt noir. Le deſſus de la Tête, le Cou, le Dos, les Couvertures des Ailes, avec la Poitrine & le Ventre juſqu'aux Cuiſſes ſont d'un rouge chargé & obſcur. Les grandes plumes ſont noirâtres, le Dos inférieur, le Ventre autour de l'Anus, avec les Couvertures du deſſus & du deſſous de la Queue ſont d'un beau bleu, qui ſe mêle & ſe perd dans le rougeâtre du Dos & du Ventre. La Queue eſt noire; la plume du milieu eſt plus longue que celles des côtés, qui diminuent par degrés. Les Jambes & les Piés reſſemblent á ceux des Oiſeaux de cette claſſe; ils ſont d'une couleur de chair foncée.

Cet Oiſeau rare, curieux & qui n'avoit point été décrit, appartenoit à Mr. *Scrafton* dans *Bucklers-bury* à *Londres*. Mon digne ami, le curieux Dr. *Monro* ſen. m'engagea à en faire un Deſſein. Il venoit du *Breſil*, où il eſt rare & très eſtimé.

L'ECUREIL VOLANT.

Cette rare petite Bête eſt repréſentée ſelon ſa grandeur naturelle. Il etoit aſſoupi & indolent de jour, mais fort vif de nuit, ſautant ou volant d'un endroit à l'autre dans ſa Cage avec une grande agileté. Le deſſus depuis le Nez juſqu'à l'extrémité de la Queue étoit brunâtre, comme un Lapin ſauvage ; le Nez étoit court environné de blanc ; les Yeux étoient gros, noirs & fort à fleur de Tête, avec une Tache blanche au deſſus de chacun. Le deſſous de la Tête, le Cou, le Ventre & le dedans des Jambes etoient blancs; le deſſus etoit ſeparé du deſſous par des Peaux lâches qu'ſ'etendoient le long des Flancs, depuis les Jambes de devant juſqu'à celles de derriere ; & qui étoient tendues dans l'action de ſauter. Ces Peaux lui donnoient le moyen de faire un très grand ſaut ou vol; ſa Queue y contribuoit auſſi, étant large & platte comme une plume. Une Bande noirâtre ſ'étendoit ſur ſes côtés, exactement au deſſus de ces Peaux le long des Flancs. Il avoit quatre Doits á chacun des ſes Jambes de devant, avec le commencement d'un autre ; les Jambes, de derriere en ont chacune cinq diſtincts. Les Oreilles étoient aſſez courtes & aſſez rondes, la Peau paroiſſoit au travers les Poils, qui y étoient clair ſemés, auſſi bien que ſur le Nez & les Jambes.

Mr. *Catesby* a donné la Figure d'un Ecureuil volant, que je crois être d'une Eſpece différente ; parce que le ſien eſt brun ou cendré par tout: il dit que leur ſaut ou vol eſt d'environ quatre vingt verges. Voyez ſon *Hiſtoire de la Caroline*, Vol. 2. P. 76. 77. Ceux-ci nous viennent de pluſieurs endroits de l'*Amerique Septentrionale;* on en a dernierement decouvert en Pologne. Celui que je viens de décrire eſt encore en vie chez Mr. *Theobald* en *Surry-Street*, à *Londres*. L'Auteur a appris depuis, qu'il y a dans les tranſactions Philoſophiques N. 427. Art. IV. une Deſcription & une Figure de cet Ecureuil; c'eſt à Mr. *Klein* de *Dantzig* qu'on les doit.

Fringilla coloribus rubo et caeruleo Brasiliensis Nº 80. VI.ter Theil.   Le Pinçon Rouge et Bleu du Bresil.
Sciurus volans colore diluta fusco, Americanus.   l'Ecureuil volant.

Grus cristata Africana.
Au mas et fœmina.

J. Edwards ad viv. delin.   ...Solikmann excudit
...Bus Sac Caes Majestatis   N° 87. VIter Theil.   Joh. Sebast. ...sculps.

La Grue Panachée te l'Afrique.

La GRUE Panachée de l'Afrique.

C'eſt un Oiſeau grand altier, quand il marche en levant la Tête il paroît avoir plus d'une verge de haut; la Jambe a neuf Pouces depuis l'extrémité du Genou juſqu'à l'extrémité du Talon; depuis le bout du Bec juſqu'aux plumes du Front il y a deux Pouces & trois quarts, & juſqu'à ſes angles trois Pouces & trois quarts.

L'Oiſeau, qui eſt ſur le devant de la Planche, a le Bec court pour une Grue il eſt droit & pointu de couleur obſcure ou d'un cendré ſombre, les Narines ſont éloignées de la Tête; les Yeux ſont au deſſus des angles du Bec, leur Iris ſont de couleur de perle. Le Front eſt rond & avancé, couvert de plumes noires qui reſſemblent à du velours; derriere chacun des Yeux eſt une Peau un peu élevée nue, dure & de couleur de perle, qui eſt de la forme d'un rognon de Mouton, ſa partie ſupérieure & inférieure ſont teintes de rouge. Sur le deſſus de la Tête naît une Touffe de plumes aſſez longues, ou plûtot des Poils roides applatis & tournés en vis, d'un orange ſale; chacun de ces Poils a ſur ſes Côtés quelques Crins en petit nombre, d'une couleur claire, qui ſont ſurmontés, à leur extrémités, de petites Touffes noirâtres; cette Panache ſe deploie avec grace en forme de Globe, & paroît être plus groſſe que la Tête. Deſſous le Goſier eſt une grande Peau ou Barbe rouge; comme dans le Coq domeſtique, mais il n'y en a qu'une; cette Peau s'enfle quelquefois de Vent, par l'effort que fait l'Oiſeau en formant un ſon enrouë & deſagreable. Le Cou avec tout le Corps, en deſſus & en deſſous, eſt d'un cendré clair bleuâtre; les plumes du Cou ſont longues, douces & étroites, celles du Dos ſont plus larges, longues & pointues. La Queue eſt noire, ſes plumes ſont aſſez égales en longueur. Les plus grandes plumes des Ailes ſont de la même couleur; les internes ſont d'un rouge ſale, & elles tombent au de là du Croupion, quand les Ailes ſont ſerrées; toutes les Couvertures des Ailes, tant en deſſous qu'en deſſus ſont blanches, à la reſerve de celles que couvrent & cachent les plumes noires, qui ſont d'un jaune pâle & ſombre. Les Jambes ſont dénuées de plumes bien au deſſus des Genoux; elles ſont, avec les Piés & les Ongles, d'un cendré noirâtre & obſcur. L'Oiſeau qu'on voit ſur le derriere (& que je crois être la Femelle) differe du précedent en ce que l'Eſpace, qui ſe trouve à chaque côté de la Tête, eſt rouge vers le haut, & blanc vers le bas; il a auſſi une petite Peau rouge, preſque imperceptible ſur le Goſier, & la couleur du Cou & du Corps eſt noire dans tous les endroits où celle de l'autre eſt cendrée. Les deux Oiſeaux ſe reſſemblent en tout le reſte.

Je fis le Deſſein du premier de ces Oiſeaux chez le Chevalier *Hans Sloane*, & celui du ſecond chez le Chevalier *Charles Wager*. *L'Academie de Paris* en a donné une Deſcription un peu différente de la notre, les ſujets qu'elle avoit, etoient tous deux des Femelles; le nom qu'elle lui donne eſt l'*Oiſeau Royal*, & elle croit que ce n'eſt pas le *Grus Balearica*, comme on l'a ſuppoſé. Voyez les *Memoires* de *l'Academie Royale*, depuis 1666. juſqu'à 1669, Tome 3me. troiſiéme Partie, P. 199. Voyez auſſi *l'Ornithologie de Willughby*, P. 275. *Petiver* l'appelle *Grus Capenſis fuſca*, *Capite aureo galeato*, Tab. 76. N. 9. *Barlon* lui donne le nom de *Paon du Japon*, & chez *Viſcher* il a celui de *Struthio ex China*. Je trouve dans le Recueil de Voyages par *Aſtley*, que pluſieurs Auteurs ont parlé de cet Oiſeau; ce qui prouve que c'eſt une Grue des Rivieres de *Gambia & de Senegal*. Voyez le Recueil d'*Aſtley*, Vol. 2. P. 723. La Figure de la Planche, qui eſt à la Page 721. a le nom de l'*Oiſeau couronné de Whidah*. Cet Oiſeau a échappé à Mr. *Albin*. C'eſt le *Pavo Marinus de Cluſius*. Voyez ſes *Exot.* Lib. 5. Cap. 11. N. *Robert* en a donné une Figure & il l'appelle *Pavo, ſive Cauda Chinenſis*.

✱✱✱✱✱✱✱✱✱

I 2

Le CANARD SIFLANT au Bec noir.

Cet Oifeau eft un peu moins gros que le Canard commun, & fes Jambes font plus longues à proportion, qu'elles ne le font, pour l'ordinaire, dans les Oifeaux de cette Efpece.

Le Bec eft celui d'un Canard commun, dentelé fur fes bords, tant foit peu crochu vers fon extrémité, & d'une couleur noire ou obfcure; les Yeux font couleur de noifette. Les côtés fupérieurs de la Tête font bruns; le deffus eft noir garni de plumes longues qui s'étendent en pointe vers le derriere, en forme de Huppe; le derriere du Cou eft brun; les côtés inférieures de la Tête; le Gofier & le Cou font blancs; ce dernier eft moucheté de petites Taches noires. Le Dos & le deffus des Ailes font bruns; les plus grandes plumes font prefque noires; chacune des plumes de Couvertures des Ailes a une Tache noire au milieu. La Queue & fes Couvertures de deffus de même que le Croupion font noirs; comme il y a une efpece de pointe au bout de la Queue, fes plumes ne font pas tout-à-fait d'une égale longueur. La Poitrine ou le Jabot eft d'un brun rougeâtre & vif moucheté de noir, il s'y mêle un peu de blanc fur fa partie inférieure. Tout le Ventre eft de cette derniere couleur; elle eft fort chargée de Taches noires fur les Flancs, & legérement au milieu. Les Couvertures deffous la Queue font blanches parfemées de Taches noires & rondes. Les Jambes font plus longues que celles des Canards ordinaires, elles font denuées de plumes, jufqu'un peu au deffus des Genoux. Les trois Doits de devant font attachés enfemble par des Membranes, le Doit intérieur en a auffi une fur fon côté interne; les Jambes & les Piés font couverts d'Ecailles de couleur de plomb; le Doit de derriere eft placé fi haut, qu'il peut à peine toucher à Terre; les Ongles font noirs.

Cet Oifeau appartenoit au *Chevalier Wager*; j'en fis le Deffein a fa Maifon de *Parfons - Green*: on m'apprit qu'il étoit venu des *Indes Occidentales*, ou on l'appelle le *Canard Siflant*. Le Chevalier *Hans Sloane*, dans fon *Hiftoire naturelle de Jamaique*, dit, que ces Oifeaux font un certain bruit qui reffemble à un Siflement, que c'eft de là qu'on a dérivé leur nom, qu'ils perchent communément fur des Arbres, & qu'ils fe trouvent abondamment dans cette Isle.

N.º 88. XI.ᵗᵉʳ Theil.   Le Canard

G. Edwards del. ex vivo.   J. M. Seligmann excudit.   Joh. Seb. Müller sculpsit.
                    Cum Priv. Sac. Cæs. Majestatis.

Anas fistularis rufa, rostro rubro   N.º 89. VI.ᵗᵉʳ Theil.   Le Canard Siflant au Bec rouge.
Occidentalis.

TAB. LXXXIX.

Le CANARD SIFLANT au Bec rouge.

Cet Oiſeau eſt un peu moins gros que le Canard commun, mais ſes Jambes & ſon Cou ſont plus longues à proportion ; peut-être eſt-ce ici le Mâle dont la Femelle eſt le Canard précedent ; je n'oſerois pourtant rien décider là deſſus, par ce que j'aye reçu ces deux Oiſeaux long tems l'un après l'autre.

Le Bec eſt à peu près de même que celui du dernier décrit, d'une couleur vermeille jaune autour des Narines, & noir vers ſon extrémité ſupérieure. Les Jris des Yeux ſont d'un Noiſette foncé ; les côtés de la Tête tout autour des Yeux, avec le Goſier ſont d'un cendré clair ; le deſſus & le derriere de la Tête ſont noirs. Le Cou, la Poitrine & le Dos ſont d'un rouge terne ou de couleur de brique, plus clair ſur la Poitrine que ſur le Dos. Les plumes principales des Ailes, avec celles de l'Aile batarde qui couvrent leur racines, ſont noires. Les internes ; qui tombent ſur le Dos & le Croupion, ſont d'une couleur de brique foncée ; le premier & le ſecond rang de Couverture, qui ſont immédiatement au deſſus des Ailes, ſont blanches, & forment un Eſpace large, de cette couleur, ſur chaque Aile ; immédiatement au deſſus de ce blanc ſe trouve un autre Eſpace couleur d'orange vif ; au deſſus de cette Tache ſont les petites plumes, qui couvrent le bord de l'Aile & ces Articulations, qui ſont noires ; comme l'eſt auſſi le reſte du Bord qui deſcend ſur les côtés du Ventre juſqu'aux grandes plumes. Tout le Ventre & les Cuiſſes ont la même couleur ; mais là ou le rouge de la Poitrine ſe mêle avec le noir du Ventre, ces couleurs broyées enſemble forment un cendré obſcur. Les Couvertures ſous la Queue ſont blanchâtres, mouchetées de petites Taches noires qui regnent le long de plumes ; la Queue eſt noire & ſe termine un peu en pointe ; le Croupion & les Couvertures du deſſus de la Queue ont la même couleur. Les Jambes ſont dénuées de plumes juſqu'un peu au deſſus des Genoux ; les Doits ſont garnis de Membranes comme ceux des autres Canards, le Doit interne en a encore une vers le dedans ; les Jambes & les Piés ſont de couleur de chair ; les Ongles ſont noirs.

Je deſſinai cet Oiſeau chez le *Chevalier Wager*, à *Parſons-Green* ; il etoit venu des *Indes Occidentales* ſous le nom du *Canard ſiflant*. Le précédent & celui-ci formoient un Siflement quand on les inquietoit : je ne ſaurois dire, qui des deux eſt le *Canard ſiflant*, dont le Chevalier *Hans Sloane* parle dans ſon *Hiſtoire de la Jamaique*, par ce qu'il ne deſſigne pas leur couleurs. Je ſuis porté à croire que c'eſt le premier ; parce que la Figure du Vol. 2. à la Planche 272. de ſon Hiſtoire repréſente l'Oiſeau avec un Ventre moucheté, ce qui ne ſe trouve point dans le dernier.

TAB. XC.

Le Petit SINGE-LION à Tête grife.

C et Animal extraordinaire eft ici repréfenté dans fa grandeur naturelle, auffi exactement qu'on l'a pu, parce que l'on en a fait le Deffein, pendant qu'il faifoit des fingeries dans la chambre de fa Maitreffe ; c'eft une Femelle de la plus petite Race des Singes.

Le devant de la Tête ou ce que l'on appelle le Vifage dans les Singes eft couvert d'une Peau noire ; les Oreilles font de la même couleur ; le vifage eft parfemé de petits poils blanc, ce qui le fait paroître un peu gris; ces Poils font plus épais fur les bords, ce qui forme un Cercle blanchâtre tout autour du Vifage. Les Yeux font abfolument noirs ; les Crins de la Tête font blancs & longs, ils couvrent les Epaules comme les Cheveux d'un homme. Les Epaules & la plus grande partie du Dos font couverts de Poils bruns, longs, libres & velus, la partie inférieure du Dos ou le Croupion devient infenfiblement d'un brun clair ou orange ; la moitié de la Queue qui eft le plus près du Dos eft garnie de Poils femblables, & de la même couleur ; tout le refte de la Queue eft noir. Le Gofier eft noir & fans Poil ; la Poitrine, le Ventre avec les Jambes & les Piés font couverts de Poils blancs & courts ; il a cinq Doits fur chacun de fes Piés de devant & derriere, & chacun d'eux eft armé d'Ongles aigus comme ceux des Ecureuils. La Peau du dedans des fes Narines eft noir, comme l'eft celle de tout le Corps, fans en excepter celle du Ventre qui eft couverte de Poils blancs. Ce qu'il y a de plus extraordinaire dans ce petit Animal, eft qu'il a un gazouillement doux qui approche du chant du Canary. Il eft vif & très agile & prend des Attitudes auffi curieufes & auffi grotefques que les grands Singes, quand il fait des cabrioles, autour de la chambre, fur fes quatre Pattes, & qui retrouffe fa Queue fur le Dos, il a beaucoup de l'Air d'un petit Lion, & paroit quelquefois fous la forme qu'on voit fur le fond de cette Planche.

La Comteffe de *Suffolk*, à qui il appartenoit, m'a dit, qu'on l'avoit apporté de la *Vera Cruz*, dans la *Nouvelle Efpagne* ; j'en fis, avec fa permiffion, un Deffein pour le Duc de *Richmond*, qui m'a permis de le publier. Je trouve la Defcription d'un Singe, qui reffemble fort à celui ci, excepté qu'il a les Oreilles pointues, dans le Voyage de Mr *de la Condamine* (de l'*Academie des Sciences à Paris*) fur la Riviere des *Amazones.* Apres avoir parlé de plus grands Singes, il ajoute. ,, Il y en auffi d'autres auffi petits qu'un *Rat* ; je ne ,, parle pas de la petite Efpece connue fous le nom de *Sapajou*, mais d'autres ,, plus petits encore, difficiles à apprivoifer, dont le Poil eft long, luftré, ,, ordinairement couleur de Marron, & quelquefois moucheté de fauve. Ils ,, ont la Queue deux fois auffi longue que le Corps; la Tête petite & quarrée; ,, les Oreilles pointues & faillantes comme les Chiens & les Chats, & non ,, comme les autres *Singes*, avec lefquels ils ont peu de reffemblance, ayant ,, plûtot l'air & le port d'un petit *Lion.* On les nommes *Pinchés* à *Mayans* ,, & à *Cayenne Tamarius.* ,, Voyez la Relation de ce Voyage, P. 165. Si le *Singe* dont Mr. *de la Condamine* donne la Defcription, n'eft pas le même que le mien, il doit être d'une Efpece qui en approche fort.

꙳ ꙳ ꙳ ꙳ ꙳

TAB.

Simia Lemurus Madagascarensis.

L'ECUREUIL de BARBARIE.

Cette Figure eſt de grandeur naturelle, & eſt à peu près la même que celle de nos Ecureuils communs d'*Angleterre*: la principale différence qu'il y a entre celui-ci & les nôtres conſiſte dans la couleur, & dans les Oreilles qui ſont plus courtes & plus colées à la Tête.

La Tête & le deſſus du Corps, avec les Jambes, les Piés & la Queue, ſont de couleur de cendres tenant un peu du rouge; mais plus pâle ſur les Jambes, les Piés & le deſſous de la Tête. Les Yeux ſont aſſez noirs, mais environnés de Poils blancs; le Ventre eſt couvert de Poils de la même couleur. Deux Bandes blanches ou de couleur de Crême deſcendent le long de Flancs, depuis les Epaules juſqu'aux Jambes de derriere; cette variete releve la beaute de ſes couleurs. La Queue eſt touffue comme celle de nos Ecureuils, chaque Poil eſt bigarré d'un cendré clair & obſcur, & ces nuances ſe repondent ſi exactement qu'elles forment de rayes régulieres de clair & obſcur ce que la Figure montre mieux que le Diſcours. Les Pattes de devant ont chacun quatre Doits diſtincts, qui ſont armés d'Ongles noirs; du côté interne on peut appercevoir un commencement de Doit ſans Ongle; les Pattes de derriere ont cinq Doits diſtincts, également armés d'Ongles. La Peau avec les racines des Poils eſt tout noire, même là ou le Poil eſt blanc.

Cet Ecureuil a été apporté de *Santa Cruz* (ſur la Côte Occidentale de la *Barbarie* qui eſt ſur le bord de *l'Ocean Atlantique*.) Il me fut donné en vie par mon ami le Capitaine *Jean Dobſon* de *Rotherhithe*, à *Londres*. J'ignore s'il habite ſur les Arbres ou ſous Terres; je ſuis porté à croire qu'il eſt de l'Eſpece de l'Ecureuil de Terre; car quand on le laiſſoit courir par la Maiſon, il ne paroiſſoit pas enclin à grimper, comme les autres Ecureuils; mais s'alloit cacher ſous quelque tapis ou autre choſe douce qu'il pouvoit trouver ſur le Plancher, & s'y endormoit. Je trouve une Figure & une Deſcription de cet Animal, dans une Hiſtoire des *Quadrupèdes*, *de Serpens & des Inſectes*, recueillis & publiés à *Londres* en 1658, par *Jean Rowland*, Docteur en Médecine. L'Auteur l'appelle *l'Ecureuil de Getulie ou de Barbarie*. Il fut décrit & deſſiné par le Dr. *Cay*: mais comme cette Figure eſt petite & ne repréſente qu'imparfaitement la forme & le fort de l'Animal, je l'ai fait reparoitre içi dans l'Attitude qu'il avoit lorſqu'il croquoit des Noiſettes.

L'JCHNEUMON des INDES.

Cet Animal paroiſſoit être de la Taille d'un *Furet* ou d'un *Chafouïn* : Il avoit environ trois quarts de Verge ou vingt ſept Pouces de long ; ſa Queue étoit très groſſe vers ſa baſe, & ſe terminoit en pointe, comme celle du *Leſard*.

Il avoit le Muſeau aſſez pointu, couvert de Poils courts d'un brun rougeâtre ; ſes Yeux etoient vifs & étincelants comme ceux d'un Furet, & preſque de couleur de Flammes ; ſes Oreilles étoient petites, rondes, & ſi legérement couvertes de Poils, qu'on voyoit la couleur de la Peau à travers. Le deſſus de la Tête, le Cou, le Dos, avec les Flancs & la Queue, étoient couverts de Poils aſſez longs & aſſez roides, chaque Poil étoit en partie brun & en partie obſcur, tellement que tout le Corps paroiſſoit d'une couleur mêlée. Les Poils du Goſier & du Ventre etoient un peu plus courts, d'une couleur d'Argille ou brunâtre, ſans aucun mêlange. Les Jambes étoient courts & noirâtres ou bruns ; il avoit cinq Doits armés d'Ongles noirs à chaque Pié.

Je vis ce rare Animal chez Mr. *Bradbury*, Apothicaire, dans *Southampton-Buildings*, *Holborn*. Le Dr. *Wilmot* m'y avoit envoyé pour en faire un Deſſein. Mr. *Bradbury* eut la bonté de le faire attraper, pour qu'on le mit dans une petite Chambre, où je puſſe mieux obſerver toutes ſes actions. Quelquefois il ramboit le Ventre à terre, & reſſembloit à un *Serpent* qui ſe meut ſans Jambes ; d'autres fois il levoit la Tête, & paroiſſoit marcher ſur ſes Jambes en raccourciſſant un peu ſon Corps ; il s'aſſeyoit auſſi droit ſur ſes Jambes de derriere, & regardoit autour de lui ; quand il étoit faché il heriſſoit ſes Poils d'une maniere étonnante. Cet Animal étoit venu des *Indes Orientales* ; on le laiſſoit courir par la Maiſon, & on me dit, qu'il l'avoit delivrée de *Rats* & de *Souris*. Il y a quelques années que je vis un *Ichneumon*, qu'on avoit apporté d'*Egypte*, mais je crois qu'il étoit plus de deux fois plus grand que celui-ci ; car il avoit quarante deux Pouces de long, & celui-ci n'avoit que vingt ſept. Leur forme & leur couleur étoient aſſez reſſemblantes ; toute la difference que je trouvai, fut, que celui d'*Egypte* avoit une Touffe de Poils à l'extrémité de la Queue ; (Voyez lettre A ſur la Planche) celle de *l'Ichneumon des Indes* ſe termine en pointe. Je n'ai jamais trouvé de Figure paſſable de *l'Ichneumon*, dans aucun Auteur qui en ait parlé, c'eſt pourquoi j'ai eſſayé d'en donner une plus correcte. J'omets toutes les Fables qu'on raconte de cet Animal & du *Crocodile*. Je crois que *l'Ichneumon des Indes* eſt d'une Eſpece diſtincte de celle d'*Egypte*, parce que celui que je viens de décrire avoit fait ſon crû, quoiqu'il fut beaucoup plus petit que celui d'*Egypte*.

Die indianische Ritze
Tab. XCI.
J. M. Seligmann exc.
Num. Priv. Sac. Caes. Maj.
N.º 94 VI.ter Theil

Le Petit BUFFLE des INDES.

Cet Animal eſt gros comme un Veau d'*Angleterre* de ſix Mois; ſa Stru-
êture reſſembleroit aſſez à celle de notre Taureau, mais ſes Cornes
ſont très petites, & il a une Boſſe ſur ſon Dos entre les deux Epaules; les
Jambes me paroiſſent auſſi être plus deliées, quoi qu'elles ne ſoient pas plus
longues. On s'en ſert, dans les *Indes Orientales*, pour tirer les Caroſſes
au lieu de Chevaux.

Le Nez eſt large & plat; (ſans Poils & humide ſur le dehors) où ſe
trouvent les Narines; le Muſeau eſt garni de quelques crins roides & déta-
chés; les Poils des côtés du Nez ſont blanchâtres. Les Cercles qui entourent
les Prunelles ſont couleur de noiſette; les Yeux ſont placés au milieu d'Eſpa-
ces noirs & longs; les Cornes ſont brunes & petites paſſant à peine les
Poils friſés du haut de lâ Tête; les Oreilles paroiſſent beaucoup plus larges
& plus longues que les Cornes, leur dedans eſt couleur de chair ſans Poil.
Il eſt tout couvert d'un Poil aſſez court & doux; la Tête, le Cou, le
Dos, la Queue & les Flancs ſont de Cendré bleuâtre; la Peau lâche du
Cou eſt blanche; le Ventre eſt couvert de Poils ſi clair ſemés qu'on voit la
couleur de la chair à travers. Au deſſus de cet Eſpace noir qui entoure les
Yeux on trouve une petite Bande blanche, & ſous le même Eſpace une autre
qui eſt brune. Les Jambes ſont d'une couleur claire, (qui devient plus blanche à meſure qu'elle approche des Piés) elles ſont tachetées de noir en
quelques endroits; comme on peut le voir dans la Figure; la Touffe qui
termine la Queue eſt noire; les Cornes des Piés reſſemblent à celles de notre
Betâil, elles ſont d'un brun obſcur.

J'ai vu un de ces Buffles, qu'on a fait pâitre dans *l'Artillery Ground*
à *Londres*, & ayant obſervé qu'il y avoit une Figure de cet Animal chez le
Chevalier *Hans Sloane* deſſinée d'après Nature, & qui s'accordoit en tout
avec l'Animal que je vis, je me ſuis contenté d'en prendre Copie, n'etant
pas capable de faire mieux. Le Chevalier me dit, que le Deſſein avoit été fait
par l'ordre du Chevalier Baronet *Joſias Child*, de *Wanſtead*, en *Eſſex*; cet
Animal lui avoit été envoyé des *Indes Orientales* en préſent. Madame *Willughby,*
(depuis Ducheſſe de *Chandois*) fit enſuite préſent du Deſſein au Chevalier
Sloane. C'eſt un des Beſtiaux domeſtiques dans les *Indes*. J'ai ſouvent oui
dire au Chevalier *Sloane*, que les Pierres qu'on appelle *Serpentines*, dans les
Indes Orientales, & qu'on dit être tirées de la Tête des *Serpents*, nommés
Cobras de Cabelo, étoient des os des Jambes de ces *Buffes*, brulés & à moitié
calcinés. On leur attribue la merveilleuſe propriété d'attirer le venin d'une
playe, & après s'en être déchargées dans du laiĉt, & avoir été ſéchées, de
conſerver la même vertu.

44 Trois petites CHAUVE SOURIS.

La Figure du haut de la Planche est une Chauve-souris de la *Jamaique*; elle diffère de celles d'*Angleterre* par une petite Peau qui lui pend sur le Nez, & en n'ayant point de Queue; l'Espace d'entre les deux Jambes de derriere est remplie par une Membrane ou une Peau. Cette Figure représente le dessous de la Bête; la Figure du milieu le dessus d'une Chauve-souris d'*Angleterre*. La Figure inférieure est la Chauve-souris d'*Angleterre* à longues ou doubles Oreilles; pour les mieux distinguer, l'on a donné la Figure de l'Animal avec le ventre en haut. Elles sont toutes les trois ici réduits à la moitié de leur grandeur naturelle.

Ce qu'il y a de plus singulier dans la premiere c'est cette Peau qui lui pend sur le Nez, qui est inévitable quand on la tire de la liqueur spiritueuse, (& par là je crois avoir découvert son usage) elle couvroit les Narines, & la pointe étoit placée dans une fente qui étoit dans la Lévre supérieure, & par ce moyen le Nez & la Bouche étoient enfermés. Je crois que c'est pour empêcher que l'Animal ne transpire, pendant son état d'engourdissement dans les Saisons pluvieuses des Pays chauds, ou dans les froides des Climats septentrionaux; je crois en effet que c'est un Genre d'Animaux qui dorment toujours pendant un certain tems. Cette Chauve-souris n'a point de Queue, elle diffère en cela de la nôtre.

La Figure du milieu représente la Chauve-souris *Angloise* à courtes Oreilles: elle diffère de celle de dessus, en ce qu'elle n'a pas la Peau pendante sur le Nez, mais en revanche elle a une Queue de plus. Elles sont toutes les trois à peu près de la même couleur, savoir; leur Tetes & leur Corps sont velus ou couverts de Poils courts, comme ceux de Souris, d'une couleur sombre & tannée en dessous, & d'un brun tant soit peu plus rouge en dessus. Si l'on veut prendre la peine d'examiner les Os qui servent à étendre les Ailes, on verra que ce ne sont que les Jambes de devant, étendues outre mesure, & retenues ensemble par des Membranes, comme dans les Piés des Oiseaux Aquatiques; si cela est, les Chauve-souris ne tiennent pas plus des Oiseaux, que les Oiseaux Aquatiques des Poissons. Le petit Doit & les quatre grands sont distincts dans ce qu'on appelle l'Aile; le petit Doit est court, il est pourvu d'un Ongle pour que l'Animal puisse se traîner ou s'attacher en quelque endroit; ces Doits sont retenus ensemble par des Membranes d'une finesse extrème, elles servent aussi à remplir l'Espace qui est entre les Ailes & les jambes de derriere, de même que celui qui est entre les jambes de derriere & la Queue, comme la Figure le fait voir. Les jambes de derriere de toutes les Chauve-souris ressemblent à celles de Souris, leur Dents sont petites & aiguës, plus semblables à celles des Souris; les Membranes de toutes sont d'une couleur brune, tant en dessus qu'en dessous; les Os des Jambes & des Ailes sont couverts en dessous d'une Peau de couleur de Chair sombre.

La Figure inférieure a de tres longues Oreilles, & d'autres plus petites en dedans, lesquelles, à ce qui me semble, doivent servir à fermer l'ouverture, pendant l'état d'engourdissement de cette Chauve-Souris; comme la Peau qui pend sur le Nez de la Figure du haut de la Planche sert à fermer la Bouche de celle-là; la derniere diffère encore des deux autres en ce qu'elle a des petits redans aux pointes de ses Ailes. Voyez la Figure.

La Chauve-Souris du haut a été apporté de la *Jamaique* par Mr. *Harpur*, feu Chirurgien de *Halsey* en *Essex*: les deux autres je les ai eu en vie à *Londres*. Le Chevalier *Hans Sloane* fait mention d'une Chauve-souris de la *Jamaique*, Vol. 2. P. 330; il parle aussi d'une autre Chauve-souris qui a une excroissance en forme d'Oreille, qui lui pend sur le Groin; je suppose que c'est le *vespertilio cornutus* de *Tyson*, & la Chauve-souris du haut de cette Planche. Mr. de la *Condamine*, dans son Voyage le long de la Riviere des *Amazones*, dit, que les Chauve-souris qui sucent le sang des Chevaux, des Mules, & même des hommes, quand ils ne prennent pas soin de s'en garantir, sont un des fléaux communs à tous les Pays chauds de l'*Amerique*, & qu'il y en a d'une prodigieuse grosseur: à *Borja* & en d'autres endroits elles ont détruit le gros Bétail que les Missionnaires avoit fait venir, & qui commençoient à multiplier. *Dampier*, dans son Voyage autour du Monde dit, que dans l'Isle de *Mindano* dans les *Indes Orientales*, il y a des Chauve-souris de la grandeur d'un Epervier. L'Isle des Chauve-souris est voisine de cette derniere; *Dampier* dit, qu'elle étoit pleine d'un nombre incroyable de grosses Chauve-souris, dont le Corps étoit de la grosseur d'un Canard ou d'une grosse *Volaille*, & qu'elles avoient des Ailes prodigieuses; car il en vit une de cette Espece à *Mindano*, & jugea que lors que les Ailes étoient étendues, il ne pourroit y avoir moins de sept à huit Pié entre les deux extremités; car aucun de sa Compagnie ne put les toucher l'une & l'autre, en étendant les bras autant qu'il le pouvoit. Voyez ce qu'on a dit des Chauve-souris à la Tab. 75. de cet Ouvrage.

Vespertilio parva Jamaicensis, rostro
appendice auriculae forma donato.
Vespertilio vulgaris, auribus brevibus
Vespertilio Anglicanus, auribus majoribus.

Trois petites Chauve-Souris.

G. Edwards ad vivum delin.   J. M. Seligmann sculpsit.   Joh. Seligm. excud. Norimbergæ.
Cum Priv. Sac. Cæs. Majestatis.

Lacertus major viridis cœruleo   Nº 9. VI[ter] Theil.   Le Gros Lesard Verd et Mouché
maculatus Occidentalis.

Le Gros LESARD Verd & Moucheté.

L'on voit fur la Planche fa grandeur naturelle, je trouvai ce Lezard en vie chez une perfonne dont je ne me rapelle pas le nom, qui ne fit qu'un court fejour à *Londres*, mais qui me permit d'en faire un Deffein, il me dit qu'on l'avoit apporté de la *Jamaique*.

La Tête, les Jambes, les Flancs, avec le deffous du Corps, font d'un beau verd; le deffus de la Tête eft couvert de larges Ecailles; les côtés & le deffous le font d'Ecailles plus petites; il a une efpece de Collier fous fon Gofier, voyez la Figure. Une Langue noire & fourchue s'étend hors de fa Bouche; le Canal de l'Oreille eft affez reculé derriere l'Oeil, qui eft noir. Le deffus de l'Animal, depuis la Tête, jufqu'à là Queue exclufivement, eft revetu de très petites écailles, comme des Têtes de Clous jaunes, bigarées de Lignes jaunâtres qui fe croifent, & forment, comme on le voit reprefenté dans la Figure, un réfeau irregulier, depuis les Jambes de devant jufqu'à celles de derriere. Il eft moucheté fur les côtés du Ventre de Taches ovales d'un beau bleu, & chaque Tache eft entourée d'une Bande de couleur noire ou obfcure. La Queue eft couverte d'Ecailles affez longues qui l'environnent, en forme d'anneaux réguliers, d'une maniere réguliere jufqu'à fon extremité, elles font toutes d'un brun foncé qui tire fur le verd. De larges Ecailles tranfverfales croifent le Ventre. Il a cinq Doits à chaque Pié armés de petits Ongles pointus; les Jambes de derriere femblent avoir un Pouce & quatre Doits diftincts l'un de l'autre.

Je crois qu'on peut voir le même Lefard dans les Ouvrages de Mr. *Petiver*. Voyez fa Planche 92me. Fig. 1. Comme fa Figure montre le Dos, on ne peut pas voir les Taches qui font fur les Flancs, il en fait pourtant mention. Il dit que le fien venoit de *Gibraltar*, & il l'appelle le *Lefard* de *Gibraltar*, magnifiquement brodé d'un Réfau brun chargé de Mouches jaunâtres, avec d'autres bleuâtres fur fes Flancs; il ajoute que ce bel Animal lui fut apporté en vie, & qu'il veçu encore plus de trois mois après, fans prendre de nourriture, & qu'il morut pendant l'Hiver. Comme Mr *Petiver* n'a pas dit, que la Tête & les autres parties étoient vertes, telles que je les ai décrites, je fuppofe qu'il a omis cet Article, comme une chofe qui eft commune à plufieurs *Lefards*, & qu'il n'a volu s'étendre que fur ce qui trouvoit de fingulier dans celui-ci. Je crois que le fien & le mien font de la même Efpece & du même Pays, quoi qu'on nous ait dit qu'ils venoient d'endroits différents. Les Animaux qu'on nous apporte fur des Vaiffeaux marchands paffent pour être du Pays, d'ou le Vaiffeau a dernierement fait Voile.

Le Papillon qu'on voit içi, n'a été ajouté que pour reléver la beauté du *Lefard*; il fe trouve fur les Grofeilliers d'*Angleterre*. Le Corps eft de couleur aurore moucheté de noir; les Ailes font de Couleur de Crême, chargées de plufieurs Taches & Rayes noires; une Bande aurore paffe entre deux rangs de Taches noires, & traverfe les Ailes fupérieures par le milieu.

Le Gros LESARD Moucheté à Queue fourchue.

Il eſt repreſenté ſur la Planche de ſa grandeur naturelle. Il a été apporté de la *Jamaique* avec ſes Oeufs & quelques petits, quelques unes commençoient à éclorre, & d'autres à prendre la couleur du Leſard fait. Les Oeufs ſont d'abord blancs, de la groſſeur qu'on voit ſur la Planche; ils deviennent bruns avant que le petit ſoit arrivé à maturité, on peut voir les petits envelopés comme de jeunes Oiſeaux, avec le jaune de l'Oeuf qui leur pend au Nombril. J'ai trouvé un Oeuf dont le petit ſortoit à reculons, comme la Figure le fait voir: les petits ſont brunâtres quand ils ſortent de la Coque, mais en peu de tems ils deviennent verdâtres.

La Langue comme celles des autres Leſards eſt fourchue; le deſſus de la Tête eſt couvert de larges Ecailles de couleur de cendres blanchâtres; les côtés de la Tête, le Cou, avec les Côtés du Corps, les Jambes & les Piés ſont cendrés ou griſâtres. Les Yeux ſont noirs; la Bouche eſt fendue au de là des Yeux, ſa partie inférieure eſt rougeâtre; il y a deux ouvertures pour les Ouies. Sur chaque Epaule ſe trouvent deux Taches noires; une Bande verte s'etend tout le long du Dos, elle eſt plus large ſur le Croupion, & ſe termine en pointe entre les Epaules. Les Flancs ſont mouchetés de Taches ovales, qui ſont bleues, auſſi bien que les côtés extérieurs des Jambes; le Ventre & une partie du deſſous de la Queue ſont marquetés de quarrés d'un beau bleu, qui ſont ſéparés les uns des autres par une couleur plus foncée ou noire. La Queue juſqu'à l'endroit où elle ſe partage, eſt blanc en deſſus; mais les deux branches qui forment la Fourche ſont d'un cendré brunâtre; chacun des Piés a cinq Doits armés de petits Ongles. Je ne crois pas que la double Queue ſoit ou naturelle ou monſtrueuſe dans cet Animal, mais plûtot que lors que la premiere Queue a été bleſſée, & qu'elle vient à ſecher ou pourir, il y en a une nouvelle qui lui ſuccéde: on voit en effet dans le ſujet qui eſt ici, que la queue ſupérieure, que je ſuppoſe être la Vieille deſſéchée, a été dérangée de ſa place, & que la nouvelle ſuit la direction du Corps de l'Animal.

Il y a une très bonne Figure de ce *Leſard* (avec une ſeule Queue) dans l'*Hiſtoire naturelle de la Jamaique*, par le Chevalier *Hans Sloane*, Vol. 2. P. 333. Tab. 273. Fig. 3. ſous le nom de *Lacertus maior cinereus maculatus.* Le Chevalier dit, qu'on les trouve ſouvent aux environs des vieilles Maſures. Depuis que j'ai fait ce Deſſein j'ai vu un *Leſard* de cette même Eſpece, qui etoit trois fois plus gros que celui-ci; il avoit auſſi une Queue fourchue, mais la Fourche commençoit plus loin dans la partie menue de la Queue. Ce dernier *Leſard* fait partie de la Collection de Mr. *Pierre Collinſon*, mon ami. J'ai l'obligation du *Leſard* (dont je viens de donner la Deſcription) avec les Oeufs & ſes petits, au Dr. *Cromwell Mortimer*, Secretaire de la Societé Royale.

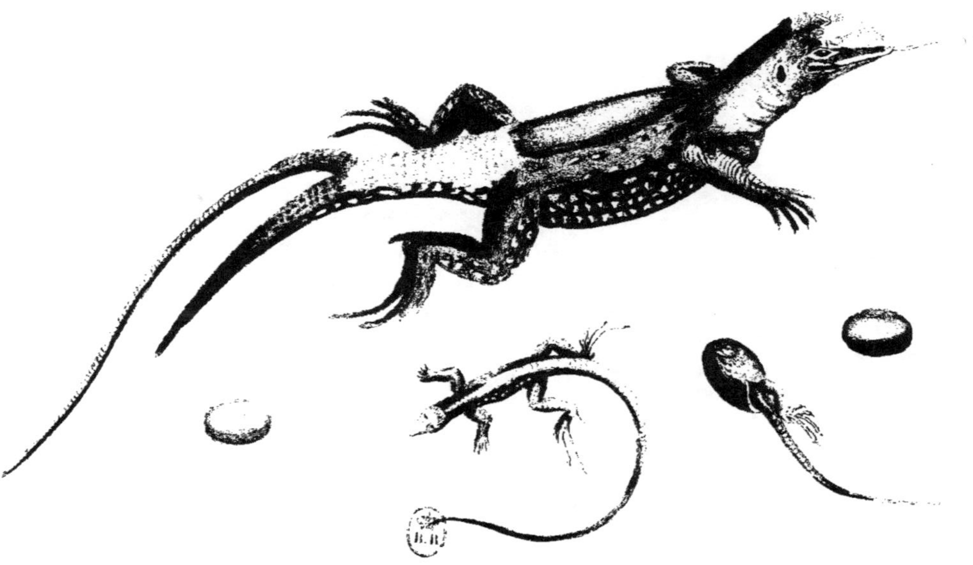

G. Edwards ad viv. del.   J. F. Seligmann sculps.

Lacertus maior cinereus maculatus brasiliensis bicaudatus. N° 99. VI.ter Theil.   Le Gros Lesard Mouché a deux queues.

Lacerta minor cinereus maculatus. ... II. Theil.
Africanus.
testudo teffelata minor, Africana.

La Tortue de Terre de l'Afrique
Le petit Lesard-Gris et Mouché.

La TORTUE de Terre de l'AFRIQUE.

La Figure repréfente fa groffeur naturelle; jai eu le Mâle & la Femelle de cette Efpece, & je les ai confervés en vie, pendant deux ans, dans le Jardin du *Collége des Medecins à Londres*. Elles accouploient en Eté, à la maniere des autres Quadrupedes; je m'etois flatté d'en pouvoir multiplier l'Efpece, mais je n'ai jamais trouvé d'Oeufs, dans les endroits où elles faifoient leur trous.

Les Iris des Yeux font couleur de noifette rougeâtre; les Lévres étoient dures comme le Bec d'un Oifeau; la Tête etoit armée d'Ecailles jaunâtres; une Peau flexible, de couleur de chair fale, couvroit le Cou, les Jambes de derriere & la Queue, pour donner à ces parties une foupleffe qui les mettent en état de fortir de l'Ecaille, ou de s'y retirer. Les Jambes de devant étoient armées d'Ecailles jaunes fur les côtés extérieurs, qu'on pouvoit voir, en partie, quand elles etoient retirées. L'Ecaille eft ronde affez élevée du côté fupérieur, & fort platte fur l'inferieur; elle eft partagée en différents Compartiments ou écailles féparées, qui font environnées de rainures ou de plis, qui fe fuccedent & deviennent d'un plus petit contour à mefure qu'ils approchent du milieu du Compartiment. L'Ecaille eft jaunâtre obfcurcie par des Taches, irreguliérement grandes & petites, qui font noirâtres. L'Organe de la generation eft dans la Queue même; la Femelle la recourbe en haut dans l'accomplement; & le Mâle retourne la fienne en deffous, ainfi les deux parties fe rencontrent. Les Jambes de devant ont chacune cinq Griffes, & celles de derriere en ont quatre. Quand ces Tortues ont peur, elles retirent la Tête, la Queue & les Jambes dans les Ecailles, où elles font fi bien à couvert, qu'il n'eft pas facile de leur faire du mal.

Cette *Tortue* me fut envoyée de *Santa Cruz*, dans la *Barbarie Occidentale*, par mon ami feu Mr. *Thomas Rawlings*, Marchand qui mourut là (en 1748.) après avoit été établi dans ce Pays pendant quelques années.

Le Petit LESARD-GRIS & Moucheté.

La Figure repréfente fa grandeur naturelle; il eft couvert plûtôt d'une Peau raboteufe que d'Ecailles, & eft partout cendré ou verdâtre. Le deffus eft moucheté de petites Taches brunes; elles font plus grandes fur le Ventre; quelques anneaux de la Queue etoient de couleur obfcure; il a cinq Doits à chaque Pié, qui font tous d'egale longueur, ce qu'on ne trouve point dans les autres *Lefards*. Je régarde celui-ci comme une Efpece du Genre *Lefard* humide, que nous nommons, en *Angleterre* Efts, qu'on trouve communément dans des endroits humides ou fous des Pierres. Celui-ci a été apporté de *Turquie*, & donné à mon digne ami le Dr. *Jean Fothergill*, *Membre du Collége des Medecins à Londres*, qui me fit le plaifir de me le faire voir. Il approche fort de la petite *Salamandre de la Caroline*, *de Petiver*. Voyez fon Catalogue Fig. 535. Cette *Salamandre* eft a peu près de la groffeur & de la forme du *Lefard* que nous venons de décrire; mais les Taches font plus larges & plus diftinctes, c'eft la principale différence; on ne fait aucune mention de fa couleur.

La TORTUE de Terre de la Caroline.

La Figure fait voir fa groffeur naturelle : elle différe de celle d'*Afrique*, dernierement décrite, en ce qu'elle n'a point de Queue ; quoi qu'elle paroiffe en avoir un commençement, à l'extrémité duquel l'organe de la génération eft placé. C'eft la feule ouverture que les Tortues ayent dans cet endroit, ce qui leur eft commun avec les Oifeaux. Celle ci différe encore de la précédente, en ce que fon Ecaille inférieure eft partagé en deux à travers le milieu du Ventre ; ces deux parties font attachées à l'Ecaille fupérieure par une Peau forte mais flexible, qui lui donne la faculté, quand elle retire fa Tête & fes Jambes, de fermer fon Ecaille avec autant de force qu'une Huitre.

La Tête eft armée d'une couverture dure ou écailleufe d'un brun foncé fur le fommet, elle eft jaune fur les côtés & fur le Gofier, & parfemée de petites Taches noires ou obfcures. Les Narines font placées proche l'une de l'autre, un peu au deffus de l'extrémité du Bec ; les Yeux font jaunâtre : le Cou eft couvert d'une Peau lâche, de couleur de chair, qui tient du pourpre foncé, & qui couvre la Tête en partie, quand elle n'eft pas tout-à-fait étendue. Les Jambes de derriere & les parties qui font autour de l'Anus font couvertes d'une Peau de la même couleur que celle du Cou ; les Jambes & les Piés de devant font armés d'Ecailles dures & jaunes ; les Piés de devant ont cinq Doits, & ceux de derriere quatre, ils font tous armés de Griffes affez fortes de couleur brune. L'Ecaille fupérieure eft affez élevée & ronde, partagée en petites Ecailles d'une Subftance cornée, qu'on appelle Ecaille de Tortue ; divers anneaux font pour ainfi dire gravés autour des extrémités de chacune de ces Ecailles, qui deviennent plus petits, à mefure qu'ils approchent du Centre : l'Ecaille fupérieure eft d'un brun obfcur & moucheté de Taches jaunâtres de différente forme ; l'inférieure eft platte, d'une couleur jaune obfcurcie par des Taches noires.

Ces petites Tortues font communément appellées *Turapins* par les *Anglois* qui demeurent en *Amerique* : celle-ci eft venue de la *Caroline Meridionale*, & mon ami Mr. *Alexandre Light*, dont j'ai deja fait mention dans cet Ouvrage, me la donna toute en vie. Je m'imaginois, autrefois, qu'il n'y avoit que les Pays chauds où tempérés qui produiffent des Tortues de Terre, mais j'ai appris depuis, qu'on en trouve une Efpece dans la *Baye* de *Hudfon* aux environs de quelques uns des Etabliffemens *Anglois*. J'ai vu une boëte à Tabac garnie d'Argent, qui appartenoit à mon obligeant ami Mr. *Isham*, & dont le deffus étoit l'Ecaille fupérieure d'une Tortue, & le deffous l'inférieure : le deffus étoit elevé, & le deffous affez plat, l'un & l'autre étoient de couleur de corne d'un jaunâtre clair, fans aucunes Taches ; cette Boëte me parut être à peu près de la même groffeur que la Tortue, dont je viens de faire la Defcription. Mr. *Isham* m'affura qu'il avoit apporté l'Ecaille de la *Baye* de *Hudfon*, & qu'elle étoit de la production naturelle de ce Pays.

La Tortue de terre de la Caroline

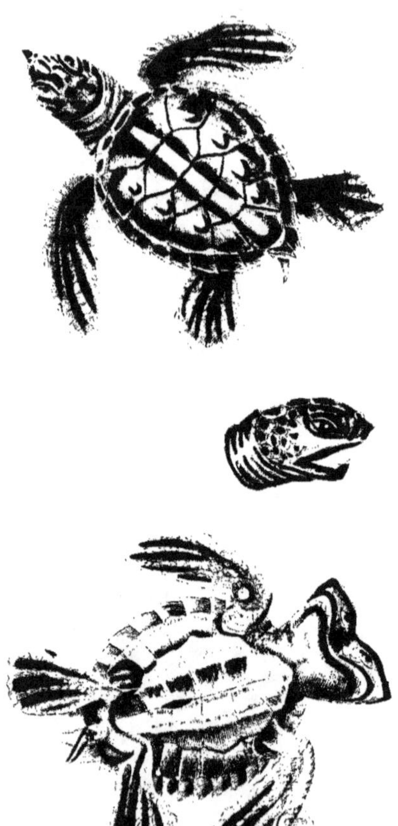

Testudo marinus, Foetus nuper ex
ovo exclusus.

La Tortue de Mer sortant de la Coque

La TORTUE de Mer.

Nos Capitaines de Vaiſſeau appellent communément la Tortue de Mer, *Turtle*; c'eſt à dire Tourterelle en François: il y en a trois ſortes généralement connues & mangées par les *Européens*, quoi qu'elles ne ſoient pas toutes également bonnes. La Tortue verte eſt eſtimée la meilleure pour manger, celle à Bec de Faucon vient après, la Derniere qu'on appelle, le Lourdault, eſt la pire, & l'on n'en mange que rarement. Ces trois ſortes deviennent fort groſſes; on voit ſur la Planche leur groſſeur naturelle, quand elles ſortent de l'Oeuf: la Figure ſupérieure repréſente la Tortue dans ſon attitude naturelle, celle du milieu le côté de la Tête, & celle de deſſous un Monſtre à deux Têtes.

Le Nez eſt pointu, & au deſſus de lui ſont les Narines proches l'une de l'autre, & qui ſemblent ſortir un peu de la Tête: la Bouche eſt fendue au de là des Yeux; l'extrémité de ſa partie inférieure eſt crochu, ou a une eſpece de Dent qui eſt reçeue dans la ſupérieure; quand la Bouche eſt fermée. Voyez la Figure du milieu. La Tête eſt armée d'Ecailles, qui ſont brunes où noirâtres ſur le ſommet, mais de couleur de crême un peu mouchetée de brun au deſſous des Yeux; le Cou eſt couvert d'une Peau lâche & flexible de couleur de chair tirant ſur le pourpre; les Jambes près du Corps, la Queue & toutes les parties de deſſous (qui ne ſont pas cachées par l'Ecaille) ſont couvertes d'une Peau de la même couleur. Voyez la Figure inférieure. Le deſſus de l'Ecaille ſupérieure eſt partagé en treize larges écailles ou parties principales qui ſont entourées de vingt cinq autres petites piéces, dont les bords extérieurs ſont dentelés en maniere de Scie, comme on peut le voir dans les deux Figures. Elles ſont toutes d'un brun obſcur ou noirâtre, excepté les bords extérieurs des petites écailles qui ſont jaunes; le milieu de chacune des Ecailles, qui ſont ſur les côtés du Dos, eſt élevé: le deſſous eſt une eſpece de Bouclier d'Ecaille, un peu concave au milieu, & jointe aux côtés par d'autres Ecailles; tout le deſſous eſt d'un jaune rougeâtre; la Tache brune, qui eſt ſur le Bouclier, eſt le nombril; la diviſion des Ecailles a été ſi exactement obſervée dans les Figures, qui ont été faites d'après Nature, qu'il eſt inutile d'en faire l'énumeration. Les Jambes (qui ont des Doits & des Ongles dans les Tortues de Terre) ſont plattes & larges dans celle ci, ce ſont plûtôt des Nageoires qu'autre choſe; cependant en les examinant avec attention, on y trouve en dedans des Os des Doits, mais qui ſont fixes & étendus par une Peau écailleuſe, qui les empeche de s'élargir ou de ſe contraéter davantage; les Pattes ſont couvertes d'écailles en deſſus & en deſſous, qui ſont brunes ou noirâtres ſur le deſſus, à la reſerve d'un peu de Jaune qui eſt ſur leur bords; les Ecailles du deſſous ſont plus jaunes, n'ayant, vers leur bords, qu'une legére teinte de brun; il paroit un petit Doit avec un Ongle détaché ſur chaque Pié. La Queue eſt très petite paſſant a peine l'Ecaille. Les Ecailles de Tortues de Terre & de Mer ſont fixées ſur une très forte ſubſtance. Oſſeuſe; qui s'en ſépare ſi on met du feu ſous la concavité de la couverture oſſeuſe. Celle ci a une Verrue remarquable ſur le dedans de chacune des Nageoires devant, aux environs de leur jointure.

Les Tortues, dont on vient de voir les Figures, ſont partie de la Collection du Dr. *Mead*, Medecin ordinaire du Roy. Je crois que le ſujet, que nous venons de décrire, eſt de l'Eſpece à Bec de Faucon, à cauſe de ſon Bec pointu, mais je n'en ſuis pas ſur, n'en ayant pas vu aſſez des differentes Eſpeces pour en pouvoir bien iuger. Le Chevalier *Hans Sloane* nous a appris la maniere des prendre les Tortues, & l'uſage qu'on en fait dans les *Indes Occidentes;* mais il a omis d'en donner des Figures & des Deſcriptions particulieres. Voyez ſon *Hiſtore de la Jamaique*, Vol. 2. P. 331. 332. Mr. *Catesby* a publié les Figures des trois Eſpeces ſuſdites. Voyez ſon *Hiſtoire naturelle de la Caroline*, Vol. 2. P. 38. 39. 40. mais comme aucune des ſiennes ne reſſemble à la mienne, elles ne peuvent me ſervir pour en déterminer l'Eſpece.

Le SERPENT à deux Têtes.

C'eft içi fa grandeur naturelle. Quand j'ai commencé cette Hiftoire naturelle, il ne m'etoit pas venu dans l'Efprit d'y faire entrer des Mon-
ftres; mais quand le fujet que j'ai en main n'auroit qu'une Tête, il pourroit être regardé comme étant d'une Efpece peu ou point connue.

Ce Serpent avoit deux Têtes très diftinctes, jointes enfemble au Crane.
Voyez la lettre B. Quand l'Animal étoit fur fon Ventre, les Têtes n'etoient
point dans une fituation horrifontale, mais elles étoient inclinées l'une vers
l'autre par le deffous, & ne laifoient qu'un paffage pour le Gofier, au fond
des deux Têtes. Voyez la lettre A. En leur ouvrant la Bouche je leur ai
trouvé des Langues fourchues & des Dents. Ce n'etoit point une Efpece de
Vipere; car il ne s'y trouvoit aucune apparence de Dents venimeufes. Le
deffus des deux Têtes étoit couvert d'écailles larges applaties; le Cou étoit
grêle; le Corps devenoit plus gros par degrés jufqu'a près de fa moitié, &
diminuoit enfuite peu à peu jufqu'à fon extrémité, qui fe terminoit en pointe Tout le deffus dans toute fa longueur, étoit couvert de petites Ecailles,
qui tomboient l'une fur l'autre; comme le Ventre l'étoit d'autres, qui avoient
la forme de demi Anneaux. Tout le Corps étoit jaunâtre fans variété &
fans Taches. Depuis que j'ai fait ce Deffein, une perfonne m'a apporté un
Serpent commun d'*Angleterre* avec deux Têtes parfaitement féparées, & dont
le Cou fe divifoit à un Pouce près de la Tête.

Le Serpent que je viens de décrire a été apporté de l'Isle des *Barba-*
dos, on m'a dit, qu'il avoit été tiré d'un Oeuf, gros comme celui d'une
jeune Poule, par un homme qui l'avoit trouvé en fouillant la terre, il fut
apporté le 5me. *Novembre*, (1747.) à la *Société Royale*, & y fut examiné;
je l'empruntai après cela pour en faire un Deffein. Celui-ci me paroit être
de la même Efpece que le Serpent jaune, dont le Chevalier *Hans Sloane* a
donné la Figure & la Defcription, dans fon *Hiftoire naturelle de la Jamaique.*
Vol. 2. P. 335. Tab. 274.

Le PAPILLON Noir.

Je fuppofe que ces deux Papillons font le Mâle & la Femelle; leur Corps
& le fond de leur Ailes font d'un noir velouté en deffus, & plus terni
en deffous; le plus gros des deux a une Tache blanche irréguliére fur chacune de fes Ailes fupérieures; les inférieures font mouchetées de fept Taches allongées, d'un beau rouge, avec fix Croiffants, de la même couleur,
entre les entaillures des bords; il a auffi quatre autres petites Taches rouges
fur le Corps. Le plus petit Papillon a des Taches jaunâtres détachées qui
croifent les Ailes fupérieures; les inférieures ont des Taches rouges un peu
longues, à peu près comme celles de l'autre; mais les Croiffants qui font
fur fes bords font blancs.

Je crois que ces Papillons font rares; je ne les ai trouvés dans aucun
Recueil; il me furent donnés par feu Mr. *Goupy*, faifeur d'Evantails dans
le *Strand*, à *Londres*, qui me dit, qu'il les avoit reçeus des *Indes Occi-*
dentales. Ils font deffinés exactement de leur grandeur naturelle, comme
tous les autres Infectes de cet Ouvrage.

Serpens diluté fuscus Barbar. . . . . Le Serpent à deux têtes
Le Papillon Noir.

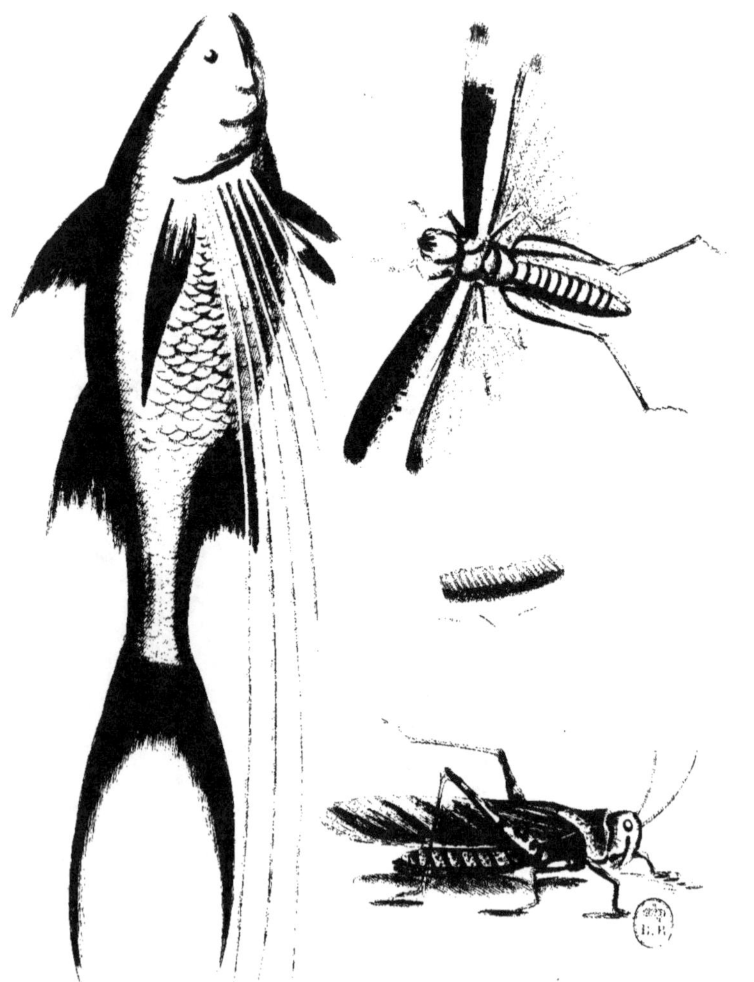

G. Edwards ad viv. delin.

Piscis Paradisiea.

N.° 103. VI.*** Theil. Le Poisson appellé Mango ou de Paradis.

Le Poisson appellé MANGO.

C'est içi sa veritable grosseur. Il a une singularité assez remarquable, qui est deux Narines de chaque côté du Nez : c'est un Poisson assez épais, à proportion de sa profondeur du Dos au Ventre.

La couleur de ce Poisson est toute d'Orange ou de couleur d'Or, semblable en celà au Poisson doré qu'on nous apporte de la Chine depuis quelques années. Celui-ci est d'une très belle forme, le devant du Corps est gros, & il s'applatit par degrés jusqu'à la Queue. Du dessous des Ouies, de chaque côté, partent sept filets roides & longs, qui ressemblent à des Poils, le supérieur a seizes Pouces de long, les autres deviennent par degrés plus courts jusqu'à la derniere, qui n'a que deux Pouces ; au dessus deux, de chaque côté, exactement aux angles des Ouies, est placée une Nageoire assez longue & pointue ; il a aussi une autre paire de Nageoires sur le Ventre, exactement au dessous des Ouies ; il n'y a qu'une seule Nageoire, au de là de l'Anus, sur le Ventre ; il y en a aussi une sur le Dos du côté de la Tête, & encore une autre du côté de la Queue. Voyez leur Structure dans la Figure. La Queue est plus fourchue qu'elle ne l'est, pour l'ordinaire dans les Poissons ; tout son Corps est armé d'Ecailles dures, pour leur forme voyez la Planche. Une Ligne très fine, de chaque côté, passe le long des Ecailles, depuis la Tête jusqu'à la Queue d'une maniere oblique ; les Nageoires & la Queue sont d'un jaune ou orange plus foncé que le reste du Corps.

Ce Poisson fut apporté, de *Bengale* avec d'autres raretés, au Dr. *Mead* ; il eut la bonté de me le faire voir. Je crois qu'on l'appelle, *Mango*, parce qu'il est de la couleur de ce fruit, quand il est meur ; car en examinant le Voyage de *Dampier* autour du Monde. P. 391. quand il parle des Fruits des *Indes*, il dit, que le *Mango* est jaunâtre, s'il est meur. Je ne puis déterminer si c'est içi un Poisson de Mer ou d'Eau douce, quoique je suis porté a croire, que c'est de la derniere. Comme je n'ai jamais étudié les Poissons, je laisse aux habiles gens à déterminer dans quelles Classe il doit être placé. Je crois qu'on n'en a jamais donné de Description.

La Grande SAUTERELLE brune.

Le quatrieme d'Aout, 1748. un Nombre prodigieux de ces grandes Sauterelles brunâtres & mouchetées se trouverent dans toutes les parties de la ville de *Londres*, & dans la plûpart de provinces d'*Angleterre*, au grand étonnement des Habitants, comme la plûpart des gens ne se ressouvenoient point d'avoir jamais vu rien de semblable. Les plus grosses n'excédoient gueres celle qu'on voit içi représentée selon Nature. Elles ont des Cornes d'environ un Pouce de long ; leur Structure est à peu près la même que celle de notre petite Sauterelle commune ; la Tête & les Cornes sont brunâtres, elle a du bleu sur sa Bouche, & sur le dedans de ses plus grandes Jambes ; le Bouclier qui couvre le Dos est verdatre ; le Ventre est brun moucheté de noir ; le dessous du Corps est de pourpre ; les six Jambes sont brunâtres, mouchetées de petites Taches brunes, & tant soit peu colorées de verd ; les Ailes supérieures sont brunes, mouchetées de petites Taches obscures, elles en ont une plus grande sur leur extrémités ; les inférieures sont plus transparéntes d'un brun clair coloré de verd, avec une Tache brune sur leur extrémités. Le Chevalier *Hans Sloane* l'appelle *Locusta maxima cinereo purpurea Maculis brunis*, *Hist. Nat. Jamaica*, Vol. 2. P. 29. *Dampier* dans son Voyage autour du Monde, dit, qu'on les mange dans les Pays ou elles abondent. Le Dr. *Shaw* s'est fort étendu sur cette Espece, dans sa Relation de la *Barbarie* &c. Cest içi une de ces Sauterelles destructives, qui viennent comme des Nuages, & qui se répandent, dans certaines saisons, dans les Climats les plus chauds de l'*Europe*, de l'*Asie*, & de l'*Afrique*. Voyez un Peleton de leur Oeufs représenté sur la Planche, tel qu'il fut tiré de la Terre, qu'on avoit mise dans un Vase de Verre, où on conservoit quelques Sauterelles.

TAB.

Le POISSON DORÉ de la CHINE.

J'ai choifi les quatre Poiffons qu'on voit içi hors d'un grand nombre d'autres, qui étoient différément colorés & bigarrés; ceux-ci font repréfentés de leur groffeur naturelle, quoiqu'il y en ait d'autres qui les furpaffent, & d'autres qui font moindres. Le plus gros que j'ai vu avoit huit pouces de long, prefque trois en profondeur fur la partie la plus épaiffe du Corps; ceux-ci n'avoient point de Nageoires fur le Dos; j'ai auffi remarqué que plufieurs de plus petits n'en avoient point non plus.

Ces Poiffons reffemblent fort aux Carpes en ftructure, & je crois qu'ils en font un Efpece. Les Narines leur fortent de la Tête comme de petits Tuyaux; tous ceux que jai vu, avoient fix Nageoires fur le deffous: quelques uns n'en ont point du tout fur le deffus, d'autres en ont de figures différentes, comme la Planche le fait voir; quelques uns ont des Queues fimples, d'autres en ont de doubles, qui font jointes enfemble fur le bord fupérieur, comme la troifiéme Figure, en defcendant, le fait voir. La Figure fupérieure a le Dos bleu, & une Nageoire deffus de même; le refte du Poiffon eft de couleur d'Or; ces couleurs fe mêlent fur les côtés; la Queue eft d'un brun chargé. Le fecond Poiffon eft entiérement rouge, excepté une Tache noire qui eft fur la Tête. Le troifiéme a le deffus, la double Queue & les Nageoires inferieures, de couleur d'Or; fon Ventre eft argenté, ces deux couleurs fe mêlent confufément fur les côtés: il y a quelques Taches noires fur les Nageoires & fur la Queue. Le deffus de l'inférieur ou du quatrieme eft brun, le deffous eft argenté, ces couleurs s'uniffent infenfiblement l'une dans l'autre fur les côtés; les Nageoires & la Queue font brunes.

Le feu Duc de *Richmond* avoit un grand Baffin, de Terre de la *Chine*, plein de ces Poiffons, qu'on avoit apporté en vie en *Angleterre*. J'en fis quelques Deffeins pour le Duc, qui me permit d'en garder pour moi même, & de les publier. On peut voir dans les Ouvrages de *Petiver* publiés environ en 1691, quand ces Poiffons ont été apportés la premiere fois en *Angleterre*, Voyez fon Catalogue, 186, *Pifcis Chin. Cauda argentea*, Planche 78. Fig. 6. & le Catalogue 187. *Pifcis Chin. Cauda aurea*, Planche 78. Fig. 7. Ces Poiffons n'etoient pas généralement connus en *Angleterre* avant l'année 1728, que le Capitaine *Philippe Worth*, qui commandoit le Vaiffeau des *Indes* le *Houghton*, en apporta quelques uns, qu'il donna de concert avec Mr. *Manning Lethieuillier*, au Chevalier *Matthieu Decker*: Depuis ce tems là plufieurs curieux les ont fait multiplier dans des Etangs ou Refervoirs, aux Environs de Londres. On peut les regarder comme des Poiffons domeftiques; leur couleurs & leur marques varient infinement, comme dans les Animaux domeftiques; ils ont extrémement multipliés dans l'Isle de *St. Helene*; il eft probable que dans quelques années nous les aurons dans nos Rivieres. *Linnaeus* eft le dernier Auteur qui ait fait mention de ces Poiffons. Voyez fon *Fauna Succica* publiée à *Leyde* en 1746. & la Fig. Tab. 2. Fig. 331. qui leur reffemble; mais les fait paroître trop gros & trop courts. Il leur donne le nom de *Cyprinus Pinna Ani duplici, Cauda trifurca, exoticus Pifcis aureus Chinenfium.*

Cyprini domestici Sinensis varii coloris N. 149 VII.er Theil. Le Poisson bleu doré et argenté de
coloris, vulgo Pisces aurei et argentei dicti. la Chine.

G. Edwards ad viv. delin.   J. M. Seligmann excudit.   Joh. Schuster Leitner sculps.

Cum Priv. Sac. Cæs. Majestatis.

Gramperva, ex fusco et albo eleganter striata, Nᵒ 103 VIIter Theil.   Le Poisson Rayé.
pinna dorsali anteriore longissima.   Le Poisson volant.
Hirundo marina.   La Rémoré.
Remora Piscis.

Le POISSON RAYÉ.

La Figure du milieu fait voir sa groffeur naturelle : la Figure fupérieure repréfente le Poiffon volant commun & l'inférieure la *Remore* ; on en a fait les Deffeins d'après de petits Poiffons, dont on voit içi la groffeur naturelle, je ne les ai ajoutés que pour remplir la Planche ; car celui du milieu eft le feul qui n'aye pas été décrit.

Le Poiffon du milieu eft droit le long du Ventre ; le commencement du Dos eft élevé, & eft fort mince & prefque tranchant fur le bord ; le Poiffon eft plus épais du côté du Ventre, mais fort refferré fur les côtés ; le Dos eft brun, le Ventre d'une couleur plus claire, & je crois que dans le Poiffon vivant il eft argenté. Il a une Nageoire fur chaque coté de la Tête, deux en deffous de celles ci entre la Tête & le Ventre, il n'y en a qu'une fur la partie inférieure du Ventre près de l'Anus. Une longue Nageoire pointue s'eleve fur la partie la plus haute du Dos, & derriere celle là une autre fort étroite s'étend le long du milieu du Dos vers la Queue. Les Nageoires & la Queue font brunes ; il a un cercle rouge autour de l'Oeil, & une Tache noire entre les Narines : il a auffi une large Bande noire qui entoure fa Tête, & femble paffer au travers des Yeux ; il a auffi deux autres Bandes noires ou obfcures bordées de blanc, la premiere paffe obliquement plus bas que la Tête, l'autre depuis la longue Nageoire du Dos jufqu'à l'extrémité de la Queue ; ce qui fait que le Poiffon paroit environné de Rubans.

Ce Poiffon fut envoyé des Isles *Caraïbbes*, dans les *Indes Occidentales*, à Mr. *Jaques Theobald, Membre de la Société Royale*, qui eut la bonté de me le faire voir. Je laiffe aux Curieux le foin de le placer dans la Claffe qui lui convient.

Le Poiffon fupérieur eft le même Poiffon volant, dont plufieurs Auteurs & Voyageurs ont donné la Figure & la Defcription ; mais comme j'ai trouvé que leur Figures n'approchoient pas affez de la Nature, j'ai taché d'enchérir fur eux. Le Corps pour la forme & la couleur reffemble affez à celui d'un Harang ; les Yeux font plus larges, à proportion, & plus avancés ; il a deux paires d'Ailes, la plus grande eft un peu derriere les Ouies, & la plus petite aux environs de l'Anus, la Planche en repréfente exactement la Figure ; elles font minces & d'une fubftance de Nageoire, bigarrées de Taches noirâtres fur un fond cendré clair. Tout près de la Queue fe trouve une Nageoire étroite fur le Dos, & une autre fur le deffous, elles font cendrées ; la Queue eft de la même couleur & fourchue, la branche inférieure eft beaucoup plus longue que l'autre ; ce que d'autres Auteurs n'ont pas remarqué, quoique je l'aye obfervé de la même maniere dans tous les Poiffons que j'ai vu. *Petiver* dans fa Planche 30. Fig. 2. nous a donné le Deffein d'un Poiffon volant inconnu, il dit, „ que ce merveilleux Poiffon eft rouge dans toutes fes „ parties ; & qu'étant fufpendu fa chair fe diffoud, dans une feule nuit, „ en une liqueur d'un Rouge vermeil, dont on fe fert pour la Teinture, & qui „ eft fort durable. Il eft long d'un Palme & demi, il a des Verrues au lieu „ d'Ecailles. „ Il l'appelle ; *Hirundo lufon. venenata ruberrima Bangol dicta.*

Le Poiffon inférieur eft la *Remore.* Il fe cole fur les côtés des gros Poiffons par cette partie plate qui eft fur le deffus de la Tête, & je crois qu'elle lui fert pour fe trainer, comme dans le Limaçons ; fa Bouche eft tellement placée qu'elle porte fur les côtés du Poiffon auquel il eft attaché, & je m'imagine qu'il fe nourrit de la Subftance vifqueufe qu'il trouve fur leur Peau. Il paroit être fans Ecailles ; il eft par tout de couleur obfcure ; une ligne s'étend le long de chacun de fes côtés ; deux paires des Nageoires font placées près de la Tête ; il a une feule Nageoire fur fon Dos près de la Queue, & une autre de la même longueur fur le deffous, derriere l'Anus : il a quelques petites rainures tranfverfales fur fes côtés. *Petiver* a donné la Figure d'une Efpece différente de ce Genre, qui fe trouve parmi les Isles *Philippines*, Voyez Planche 44. Fig. 12. de fes Ouvrages

Quel-

QUELQUES REFLEXIONS
SUR LES
OISEAUX DE PASSAGE.

J'ai dit quelque chofe fur ce fujet dans une partie precedente de cet Ouvrage; mais comme il refte beaucoup d'incertitude dans ce que nous en favons jufqu'içi, j'ai deffein d'en dire de nouveau quelque chofe, du mieux qu'il me fera poffible, dans l'efperance de fournir quelques vues utiles à ceux qui dans la fuite pourront tourner leur recherches de ce côté.

Je me fouviens que mon bon ami feu Mr. *Marc Catesby*, quelque tems avant fa mort, préfenta un Ecrit à la *Societé Royale*, fur le fujet des Oifeaux de Paffage qui fut lu dans une de leur Affemblées. Je n'ai pas à préfent cet Ecrit; mais je me rappelle en général qu'on y prétendoit, que les Oifeaux qui ne féjournent chez nous qu'une partie de l'année, s'en vont dans les Pays méridionaux, de l'autre côté de la *Ligne Equinoctiale*, exactement au même degré de Latitude, ou fe trouvent les Pays Septentrionaux dont ils etoient partis. Cette conjecture paroit d'abord affez propable; en effet généralement, dans le tems de nos Hivers, la température dans les Climats Méridionaux de la même Latitude, eft auffi la même qu'elle eft chez nous en Eté. Dans ce cas là, fans doute un Oifeau de Paffage qui partiroit, en *Septembre* ou en *Mars*, du foixantieme degré de Latitude feptentrionale, pour aller dans le même degré de Latitude Meridionale, ne trouveroit pas feulement, dans les deux Climats, le Soleil à la même hauteur, mais à peu près un egal degré de chaleur. Mais fi nous faifons attention qu'il y a plufieurs Oifeaux de Paffage, qu'on trouve jufqu'au foixante & dixieme degré de Latitude feptentrionale, Degré ou je m'imagine qu'il n'y a que des Oifeaux de Paffage, le Climat ne pourant leur fournir de nourriture, pendant l'Hiver, ces Oifeaux auront un terrible chemin à faire, felon l'opinion de Mr. *Catesby*; car foixante & dix degrés pour aller à la Ligne Equinoctiale, & encore foixante & dix degrés au de là, font cent quarante degrés, qui felon le calcul le plus modéré du degré de Latitude, font huit mille & quatre cents milles, Voyage prodigieux, à faire en peu de tems, pour un Oifeau. Il eft très propable que les Oifeaux qui demeurent conftamment entre les *Tropiques* paffent la Ligne dans différentes faifons, & que pour trouver de la Nouriture, ou bien pour éviter les Pluies exceffives de quelque lieu, ils en vont chercher ailleurs un plus fec & plus agreable; mais il n'eft ni concevable ni naturel, que les Oifeaux qui habitent les extrémités du Nord & du Sud, dans les Deux Hémifphémifphéres, puiffent paffer de l'un à l'autre. Les Oifeaux des Climats froids ou tempérés feroient hors de leur Elément en traverfant les Pays de la *Zone Torride*, au de là du quarante cinquieme degré, avant de pouvoir parvenir, de l'autre côté, aux Climats plus tempérés, & qui leur font propres. Il n'eft d'ailleurs nullement néceffaire que les Oifeaux paffent de l'Hémifphére Septentrional au Méridional, pour arriver à des Pays qui ont le degré de chaleur qui leur convient; car quand un Oifeau quitte le Nord à l'approche de l'Hiver, & qui s'avance vers le Sud, il n'a pas befoin de venir à la Ligne pour trouver des Pays, qui pendant l'Hiver, ont un degré de chaleur égal à celui de l'Eté de l'endroit qu'il a quitté. Je ne vois donc point pourquoi ces Oifeaux traverferoient la Ligne pour paffer du Nord au Sud, & il me paroit beaucoup plus naturel qu'ils s'arrêtent, quand ils arrivent à un Climat qui leur convient; car de fuppofer qu'ils faffent un long Voyage, en traverfant la Ligne, pour aller chercher les extrémités du Sud, c'eft les faire voyager bien loin pour leur faire trouver ce qu'ils ont à leur porte. Nous favons, que la *Cicogne* qui paffe l'Eté dans les parties les plus feptentrionales de l'*Europe*, ne va pas, en Hiver, plus loin que l'*Egypte*, aux environs des fources du *Nil* qui font en deçà de la Ligne. Cependant, felon **Mr.** *Catesby*, elle devroit fe retirer dans quelque Terre inconnue du Sud; car nous ne connoiffons, dans le vieux Monde, aucun Pays qui foit dans un degré du Sud égal à celui du Nord de la *Hollande*, que la *Cicogne* choifit pour fa réfidence en Eté. Il y a encore quelque chofe de plus difficile à expliquer à l'égard de quelques Oifeaux de Paffage; je veux parler des Oifeaux Aquatiques aux Ailes courtes, qui pendant l'Eté, habitent les *Isles Septentrionales* de l'*Europe*, comme les *Isles Danoifes* de *Ferro* & d'*Islande*, auffi bien que plufieurs autres qui font encore plus au Nord, & même fur la Côte de *Greenlande*. Entre ces Oifeaux le plus remarquable pour ces Ailes courtes eft le *Penguin du Nord*, que j'ai repréfenté fur la Tab. XLII. du cinquieme Partie de cet Ouvrage. Cet Oifeau paffe pour ne pouvoir point voler du tout, pas même affez pour fe degager de l'Eau. Il y en a d'autres à Ailes courtes, dont le Vol eft fi petit, qu'ils ne peuvent pas atteindre à leur Nids, fur le haut des Rochers, fans fe repofer plufieurs fois, en s'arrêtant d'endroit en endroit jufqu'à ce qu'ils arrivent au fommet. Entre ceux-ci eft le *Bec de Rafoir*, le *Gillemot*, & le *Coulternab*, dont on peut voir la Defcription dans l'*Ornithologie* de *Willughby*, P. 123, 4. 5. Tous ces Oifeaux, avec quelques autres du même Genre, difparoiffent en Hiver, & il n'eft pas croyable qu'ils puiffent aller loin pour changer de demeure fur tout le *Penguin*, qui certainement ne fauroit nullement voler.

Il refte donc à favoir ou vont ces Oifeaux dans le tems qu'ils difparoiffent; il faut que la Providence leur ait donné quelque moyen pour fe conferver, fans être vus, & fans fortir de leur retraite, dans cette partie du Monde où ils ne paroiffent qu'en Eté; car on dit qu'ils reviennent au Printems, en auffi grand Nombre que s'ils y avoient toujours été. Il me femble que la Conjecture la plus probable, pour repondre à ces deux queftions,

où

où & comment ils fe cachent, & de quelle maniere ils fe confervent, pendant les longues & rudes Hivers de ces Climats, eſt qu'il y a des Cavernes fous la Mer, dans les Rochers qui bordent les Côtés de ces Iſles, dont les entrées, quoique fous Mer, peuvent conduire à des Cavités fi elevées en dedans, quelles offrent une retraite féche & à l'Abri, propre à conferver, pendant l'Hiver, ces Oifeaux dans un état d'engourdiffement. Si la Mer ferme l'ouverture de ces Cavernes, & que des Montagnes d'une vaſte étendue les couvrent elles ne feront point expofées à un froid extréme, & pourront conferver ces Oifeaux. Là vers la fin du Printems, ou au Mois de Mai, tems où ces Oifeaux reparoiſſent, la Chaleur de l'Air extérieur, jointe à la force des Rayons du Soleil fur la Mer près de l'entrée de la Caverne, pourra tellement échauffer l'Air intérieur par des degrés infenfibles, qu'il ranimera ces Oifeaux, & les tirant de l'etat d'engourdiffement où étoient, leur rendu le mouvemeut & la vie. Ils recouvriront ainfi la vigueur neceffaire pour fortir de leur retraite, & pour chercher, pendant un nouvel Eté, leur nourriture dans la Mer, & pour multiplier leur Efpece fur les Rochers voifins·

Je demande pardon au Lecteur de leur offrir des Conjectures fi nouvelles & fi peu communes, mais je n'ai pas pu refoudre d'une autre maniere les deux queftions qu'on vient de voir; j'efpere que l'Idée que je viens de propofer pourra engager de perfonnes plus pénétrantes à chercher le veritable endroit de la retraite de ces Oifeaux, ou de donner quelque conjecture plus probable que celle ci. C'eft le fentiment de beaucoup de Curieux & de Savants, que plufieurs de nos petits Oifeaux d'*Angleterre*, qui difparoiſſent pendant l'Hiver, ne paſſent point les Mers pour chercher des Climats plus chauds, mais qu'ils fe cachent dans des trous & dans des Cavernes, ou ils demeurent engourdis, pendant l'Hiver. La raifon qu'ils en donnent eft, que ces Oifeaux deviennent fi gras dans l'Automne, dans le tems qu'ils difparoiſſent, qu'ils peuvent à peine voler, & que cette graiffe fert à les conferver en vie pendant l'Hiver. Mais je ne crois pas que ce Sentiment puiffe avoir lieu à l'egard de tous les petits Oifeaux; car il eft inconteftable que les *Hirondelles* quittent cette Iſle en Automne.

CATALOGUE

des Oiſeaux figuréz & décrits dans cette

Sixiéme Partie.

<table>
<tr><td>L'Aras rouge & bleu</td><td>Tab. LIII.</td></tr>
<tr><td>L'Aras bleu & jaune</td><td>LIV.</td></tr>
<tr><td>Le Grand Cacatua</td><td>LV.</td></tr>
<tr><td>Le Perroquet verd du Breſil</td><td>LVI.</td></tr>
<tr><td>Le grand Perroquet verd des Indes occidentales</td><td>LVII.</td></tr>
<tr><td>Le Perroquet rouge & cendré</td><td>LVIII.</td></tr>
<tr><td>Le plus petit Perroquet verd</td><td>LIX.</td></tr>
<tr><td>Le Perroquet à Tête de Faulcon</td><td>LX.</td></tr>
<tr><td>Le Perroquet à Tête blanche</td><td>LXI.</td></tr>
<tr><td>Le Perroquet brunâtre</td><td>LXII.</td></tr>
<tr><td>Le petit Perroquet verd</td><td>LXIII.</td></tr>
<tr><td>Le Perroquet à Poitrine blanche</td><td>LXIV.</td></tr>
<tr><td>Le premier Lory à Calotte noir</td><td>LXV.</td></tr>
<tr><td>Le Second Lory à Calotte noir</td><td>LXVI.</td></tr>
<tr><td>Le Lory ecarlate</td><td>LXVII.</td></tr>
<tr><td>Le Lory ecarlate à longue Queue</td><td>LXVIII.</td></tr>
<tr><td>Le Lory perruche</td><td>LXIX.</td></tr>
<tr><td>Le Perruche verte à longue Queue</td><td>LXX.</td></tr>
<tr><td>La Perruche à Tête rouge & bleue</td><td>LXXI.</td></tr>
<tr><td>La Perruche à Gorge brune</td><td>LXXII.</td></tr>
<tr><td>Le Grenadier</td><td>LXXIII.</td></tr>
<tr><td>Le Pinçon gris</td><td>LXXIV.</td></tr>
<tr><td>Le Bec de Cire</td><td>LXXIV.</td></tr>
<tr><td>Le Moineau de Paradis</td><td>LXXV.</td></tr>
<tr><td>La grande Chauve-Souris de Madagaſcar</td><td>LXXV.</td></tr>
<tr><td>Le petite Pie des Indes</td><td>LXXVI.</td></tr>
<tr><td>Le petit Ecureuil de Terre rayé</td><td>LXXVI.</td></tr>
<tr><td>Le Pivert moucheté des Indes</td><td>LXXVII.</td></tr>
</table>

P

Le

Le Merops mangeur d'Abeille des Indes   -   -   Tab. *LXXVIII.*

Elichryſum Africanum, Foliis lanceolatis, integris, tomentoſis, decurrentibus, Capitulis congeſtis, ex Rubello aureis -   *LXXVIII.*

La Grive brune des Indes   -   -   -   *LXXIX·*

La Grive dorée, Iĉterus   -   -   -   *LXXX.*

*L'*Etourneau jaune des Indes   -   -   *LXXXI.*

*L'*Etourneau noir & blanc des Indes   -   -   *LXXXII.*

Le Gros - Bec   -   -   -   *LXXXIII.*

Le Moineau des Indes à Tête jaune   -   -   *LXXXIV.*

Le Rouge - Queue des Indes   -   -   *LXXXV.*

Le Lezard des Indes à Queue d'Epine   -   -   *LXXXV.*

Le Pinçon rouge & bleu du Breſil   -   -   *LXXXVI.*

*L'*Ecureil volant   -   -   -   *LXXXVI.*

La Grue panachée de l'Afrique   -   -   *LXXXVII.*

Le Canard ſiflant au Bec noir   -   -   *LXXXVIII.*

Le Canard ſiflant au Bec rouge   -   -   *LXXXIX.*

Le petit Singe - Lion à Tête griſe   -   -   XC.

Le petit Singe noir   -   -   -   XCI.

Le Maucauco   -   -   -   XCII.

*L'*Ecureuil de Barbarie   -   -   -   XCIII.

*L'*Ichneumon des Indes   -   -   -   XCIV.

Le Petit Buffle des Indes   -   -   -   XCV.

Trois petites Chauve - Souris   -   -   -   XCVI.

Le gros *Le*ſard verd & moucheté   -   -   XCVII.

Le gros *Le*ſard moucheté à Queue fourchue   -   XCVIII.

La Tortue de Terre de l'Afrique   -   -   XCIX.

Le petit Leſard - gris & moucheté   -   -   XCIX.

La Tortue de Terre de la Caroline   -   -   C.

La Tortue de Mer   -   -   -   CI.

Le Serpent à deux Têtes   -   -   -   CII.

Le Papillon noir   -   -   -   CII.

Le Poiſſon appellé Mango   -   -   -   CIII.

La grande Sauterelle brune   -   -   CIII.

Le Poiſſon doré de la Chine   -   -   CIV.

Le Poiſſon Rayé   -   -   -   CV.

Quelques Reflexions ſur les Oiſeaux de Paſſage   -   Pag. 54